Jedz pysznie z niskim indeksem glikemicznym

MAGDALENA MAKAROWSKA

Jedz pysznie z niskim indeksem glikemicznym

Feeria
WYDAWNICTWO

Redaktor prowadzący: Anna Rogala
Opieka redakcyjna: Maria Zalasa
Konsultacja edytorska: Dariusz Rossowski
Redakcja przepisów: Bronisław Grzywacz
Korekta: Ewa Różycka

Projekt typograficzny, skład i projekt okładki: Katakanasta Joanna Wasilewska
Fotografie: Tomasz Makarowski, oprócz:
Zdjęcie na okładce: © Elena Schweitzer/Fotolia
Zdjęcie na str. 49: © Anna Shepulova/Fotolia
Zdjęcie na stronach 58-59: © Elena Veselova/Fotolia
Zdjęcia na stronach 8, 17, 23, 46, 53, 136, 241, 288, 293, 294, 295: serwis Pixabay

Druk: Oficyna Wydawnicza READ ME Włodzimierz Bińczyk Spółka Jawna

ISBN 978-83-7229-662-7
Wydanie I, Łódź 2018

Wydawnictwo JK
ul. Krokusowa 3, 92-101 Łódź
tel. 42 676 49 69
www.wydawnictwofeeria.pl

Zawarte tu porady opierają się na długoletnim doświadczeniu w pracy autorki z klientami jej gabinetu dietetycznego.

Spis treści

Wstęp

Słowo „dieta" straszy wszystkich od lat. Kojarzy się z reżimem kalorycznym, ciągłym odczuwaniem głodu, liczeniem kalorii i ważeniem spożywanych produktów, a przede wszystkim po prostu ze stresem spowodowanym koniecznością zmiany przyzwyczajeń. Od kilku lat w swoich poradnikach udowadniam Wam – moim pacjentom i czytelnikom – że zdrowe jedzenie nie musi być nudne i monotonne, lecz może być kolorowe, pyszne i błyskawiczne w przygotowaniu.

Ten poradnik skierowany jest do osób, które z różnych przyczyn zdrowotnych muszą stosować dietę z niskim indeksem glikemicznym. Ale nie myślcie sobie, że jeśli na nic nie chorujecie i macie TYLKO nadwagę, nie powinniście takiej diety stosować! Nadwaga to też choroba, a dieta z niskim indeksem jest idealna dla każdego – zarówno w otyłości, jak i jej profilaktyce. Co więcej, możecie takie posiłki podawać całej rodzinie, wszyscy na pewno będą zadowoleni!

Nadwaga, insulinooporność i cukrzyca stały się powszechne

Poradnik ten jest skierowany do osób z nadwagą, a przede wszystkim z problemem cukrzycowym. Zarówno insulinooporność, czyli stan o krok przed cukrzycą typu II, jak i pełnoobjawowa choroba wymagają wprowadzenia mądrych zmian do diety, która do tych problemów doprowadziła. Świadomie piszę „doprowadziła", bo schorzenia te nie biorą się z „powietrza", lecz są efektem długotrwałego lekceważenia swojego zdrowia.

Oprócz cukrzycy typu II istnieje też oczywiście cukrzyca typu I, najczęściej genetyczna (ewentualnie nabyta w wyniku uszkodzenia trzustki czy stresu), na której powstanie nie mamy bezpośredniego wpływu. Niemniej i ta choroba wymaga stosowania zdrowej diety.

Cukrzyca to stan chorobowy wynikający z nadmiernego stężenia glukozy we krwi (hiperglikemii), spowodowanego nieprawidłowym funkcjonowaniem trzustki (typ I) lub wytwarzanej przez nią insuliny (typ II). W dobrze pracującym organizmie glukoza z pożywienia, będąca podstawowym surowcem energetycznym, za pomocą insuliny wnika do komórek, gdzie jest zamieniana na energię („spalana"). Jednak z różnych względów, genetycznych lub środowiskowych, mechanizm działania insuliny może zostać zaburzony.

W chorobie typu I trzustka wydziela jej za mało (w skrajnej sytuacji nie wydziela wcale), a w typie II wydziela za dużo, co też jest niedobre. W tym drugim przypadku najpierw pojawia się charakterystyczny stan przedcukrzycowy – tzw. insulinooporność. Wskutek przesycenia insuliną komórki nabywają oporności na ten hormon, czyli nie reagują na niego tak jak powinny (podobnie jak my możemy przyzwyczaić się np. do ulicznego hałasu i przestać na niego reagować). Glukoza pozostaje wtedy we krwi. Tymczasem cukier w krwiobiegu jest toksyczny dla organizmu i powinien być jak najszybciej wprowadzony do komórek, dlatego ten stan jest dla zdrowia groźny. Chcąc mu zaradzić, trzustka – nie zdając sobie sprawy z oporności komórek – wydziela stopniowo coraz więcej insuliny, dochodząc w końcu do kresu swojej zdolności wytwarzania. Wtedy zaczyna się etap choroby wymagający dostarczania insuliny z zewnątrz. Niestety, będąc hormonem tucznym, insulina nie pomaga w odchudzaniu, a wręcz nasila tycie, co pogarsza stan pacjenta.

Choroba wypracowana latami

Jak wspomniałam, na cukrzycę typu II zapracowuje się samemu i to latami. Do zachorowania przyczynia się charakterystyczna dla Zachodu dieta bogata w fast foody, alkohol, słodkie napoje, produkty zawierające cukier rafinowany i wypieki z białej rafinowanej mąki, a do tego brak ruchu, stresy oraz IGnorowana nadwaga i otyłość.

Gorzkie konsekwencje słodkiej choroby są naprawdę bardzo poważne: od hiper- i hipoglikemii, trudnych do leczenia infekcji, kwasicy, zapalenia nerwów i miażdżycy po udar mózgu czy zawał serca, niewydolność nerek, utratę wzroku czy konieczność amputacji nogi (tzw. stopa cukrzycowa).

Lepiej zapobiegać niż leczyć

Diagnozę insulinooporności lub cukrzycy zawsze musi postawić lekarz. Jednak są pewne wczesne, niepokojące sygnały, których nie powinniśmy ignorować. Jeśli w porę wprowadzisz prawidłowe odżywianie, stan insulinooporności może się wyciszyć, a cukrzyca – w ogóle się nie rozwinąć.

Nigdy nie IGnoruj wczesnych objawów, takich jak:

- **Nadwaga lub otyłość typu brzusznego.** Jeśli przybierasz na wadze, a tkanka tłuszczowa odkłada się głównie na brzuchu i wokół talii, jest to pierwszy sygnał alarmowy. Ten typ otyłości szczególnie predysponuje do problemów z insulinoopornością, a w konsekwencji – do cukrzycy. Ponadto, jeśli mimo prób i stosowania różnych restrykcji kalorycznych, Twoja waga nie chce współpracować i efekty są niewspółmierne do wkładanego wysiłku, natychmiast udaj się do lekarza. Pomiar insuliny i glukozy na czczo we krwi, wyliczenie wskaźnika HOMA-IR oraz zrobienie krzywej glukozowej i insulinowej powinny rozwiać wątpliwości.
- **Chroniczne zmęczenie**, senność w ciągu dnia.
- **Ociężałość po posiłkach**, zwłaszcza obfitych i zawierających duże ilości węglowodanów.
- **Nagłe napady głodu** oraz nieuzasadniony apetyt na słodycze.
- **Wysoki poziom glukozy na czczo**, mierzonej metodą domową (glukometrem). Dodajmy, że częstsza, profilaktyczna kontrola glikemii jest wskazana u osób mających nadciśnienie tętnicze, chorobę wieńcową lub zaburzenia tarczycy (np. chorobę Hashimoto), a także jeśli cukrzyca występuje u nich w rodzinie.

Do późniejszych objawów, oznaczających, że cukrzyca zdążyła już wyrządzić szkody w organizmie, zaliczamy m.in. nadmierne pragnienie oraz oddawanie dużych ilości moczu. Wiążą się z tym także ogólne osłabienie organizmu, częste infekcje układu moczowo-płciowego oraz nagły spadek wagi (wskutek niewprowadzania glukozy do komórek jako materiału energetycznego, a także ewentualnego niedostatku insuliny w organizmie).

Podstawowe wyniki laboratoryjne świadczące o cukrzycy:

- glukoza na czczo powyżej 125 mg/dl
- glukoza mierzona w ciągu dnia (po posiłku) powyżej 200 mg/dl

Cukrzyca typu I wymaga bezwzględnego podawania insuliny. Najczęściej choroba ta jest wrodzona, ale bywa także nabyta w różnym wieku. Dochodzi w niej do całkowitego zahamowania wytwarzania insuliny w trzustce. W tej sytuacji odpowiednia dieta pomaga utrzymywać prawidłową glikemię i jest koniecznym wsparciem leczenia farmakologicznego.

Z kolei insulinooporność i cukrzyca typu II to tzw. choroby insulinoniezależne z zaburzoną glikemią. Na odpowiednio wczesnym etapie można je opanować samą dietą, która ma tu wręcz podstawowe znaczenie.

W przypadku stwierdzenia podwyższonego poziomu glukozy we krwi lekarz nie ma mocy zmusić nas do zmiany diety, dlatego często od razu zapisuje lekarstwa uwrażliwiające komórki na insulinę, czym reguluje się glikemię. Pacjent, przychodząc potem do gabinetu dietetyka, twierdzi często, że jest zdrowy: „Biorę leki, więc cukier mam opanowany". To błędny tok rozumowania. Sam lek nie rozwiązuje sprawy długofalowo, jeśli trwale nie zmienimy zasad swojego odżywiania. W miarę upływu czasu i przyrastania nadwagi stan pacjenta systematycznie się pogarsza i z insulinooporności wpada on w cukrzycę; insulina staje się wtedy lekiem niezbędnym, choć jednocześnie zaostrzającym problem otyłości.

Wniosek z tych wywodów jest jeden: to TY masz największy wpływ na to, czy swoją chorobę pogłębisz czy pokonasz! Nie zrzucaj winy na geny, tendencję do otyłości, ciążę, hormony, tryb pracy itd. Na każdym etapie życia można dużo naprawić. Poza tym moim celem jest to, żebyście zdrowo gotowali dla całej RODZINY. Bo ta dieta jest idealna dla wszystkich!

PS. Moja kochana babcia zmarła przez cukrzycę w wieku 45 lat – wtedy o diecie nikt nie słyszał. Moja mama choruje na cukrzycę... A ja będę zdrowa!

Dieta cukrzycowa

Zasady diety cukrzycowej zmierzają do dostarczenia organizmowi odpowiedniej ilości białek, tłuszczów i węglowodanów. Opierając się na doświadczeniu w pracy z pacjentami w moim gabinecie, uchwyciłam następujące idealne proporcje tych składników:

40% węglowodanów (ze zbóż i warzyw oraz owoców)
30% tłuszczów
30% białka

Ogólnie zakładamy tu dostarczanie ok. 1 g białka na 1 kg masy ciała – pod warunkiem, że nie doskwiera nam niewydolność nerek (wtedy zawartość białka musi być dobrana indywidualnie i nie przekraczać 0,6 g/kg). Jednym z najważniejszych składników jest błonnik, dzięki któremu możemy w bardzo skuteczny sposób obniżyć przyswajanie węglowodanów. Zalecana ilość błonnika to minimum 30–40 g dziennie.

Tyle matematyki, bo – jak być może wiecie z moich poprzednich książek – jestem przeciwna mierzeniu, liczeniu i ważeniu produktów. Wiem też, że nikt nie ma na to czasu. Dlatego nauczę Was, jak gotować „na oko", utrzymując dobrą proporcję tych składników.

Ponadto jestem zwolenniczką jedzenia intuicyjnego: w razie większej wagi pacjenci po prostu jedzą więcej danej potrawy, a przy mniejszej mniej. Nie chcę nikogo wbijać w ramy kaloryczne i nakazywać, jaką wartość w kilodżulach mają mieć jego posiłki. Dlaczego? Bo to jest niewykonalne w praktyce, a poza tym dzisiejsze produkty są często o wiele gorsze niż kiedyś, więc dla mnie liczy się nie ilość kalorii, ale ich jakość.

Ponadto nie jesteśmy w stanie precyzyjnie wyliczyć dla siebie realnego zapotrzebowania kalorycznego, skoro nasza aktywność różni się w poszczególnych dniach. Jeden dzień można przeleżeć przed telewizorem, a drugiego wybrać się na szybki spacer po lesie albo pójść na crossfit czy basen. Jak miałyby się do tego nasze wyliczenia? Nijak! Zawsze układam więc tylko ramowy schemat, do którego proponuję przepisy, i zaznaczam, że w przypadku zwiększonej aktywności fizycznej danego dnia można zjeść dodatkową porcję potrawy z jadłospisu lub dodać mały posiłek według określonych zasad, o których zaraz będzie mowa.

Po pierwsze, jest to rozwiązanie bardziej życiowe. Po drugie, dieta nie powinna odstraszać, lecz być tak ułożona, żeby każdy mógł ją spokojnie realizować – bez stresu, który szkodzi efektom. Na pewno nieraz się przekonałeś, że im bardziej się starasz, tym mniej ci wychodzi. Wiedz więc, że z mojego gabinetu pacjenci wychodzą z mottem:

OD DZIŚ KONIEC Z DIETĄ!
OD DZIŚ JEMY TYLKO PYSZNE RZECZY!

Co przeszkadza w przestrzeganiu diety? Stare przyzwyczajenia. Większość z nas wychowała się w domach, gdzie gotowało się tradycyjnie – dwudaniowo i na bogato. Wszystko zagęszczało się mąką i zabielało śmietaną, smażyło mięsa w panierce oraz jadało dużo wędlin, kiełbas i pasztetów. Do tego wiele osób broni się argumentem, że ludzie kiedyś tak jedli i nie chorowali. Czy na pewno jest on słuszny?

Po pierwsze, dawniej poziom opieki zdrowotnej był bardzo niski i wielu ludzi umierało w młodym wieku, zanim cukrzyca typu II zdążyłaby się rozwinąć. Po drugie, ludzie pracowali w polu i w gospodarstwie, a ruch i wysiłek spalały wszystkie kalorie z diety. Po trzecie, odwrotnie niż dziś, jedzenia raczej brakowało, niż było go w nadmiarze, dlatego ludzie bardziej je szanowali. Na dodatek jedli o wiele prostsze, naturalne produkty.

I po czwarte – najważniejsze – w ciągu ostatnich czterdziestu lat jakość żywności drastycznie spadła! Dziewięćdziesiąt procent produktów na półkach sklepowych stanowią „smakołyki" wysoko przetworzone, konserwowane, ze szkodliwym dodatkiem barwników, aromatów i polepszaczy smaku. Dzisiejsza szynka ze sklepu nie ma nic wspólnego z szynką sprzed kilkudziesięciu lat. W kontekście tego poradnika najgroźniejsze jest to, że prawie w każdym produkcie znajdziemy CUKIER RAFINOWANY. Jest on wszędzie, także w sosach warzywnych, jogurtach, serach, a nawet w wędlinie, gdzie się go najmniej spodziewamy.

Wielką pułapką dzisiejszego świata, zafascynowanego stylem fit, jest też żywność „dietetyczna" czy „light". Wytwórcy kuszą nas kolorowymi opakowaniami z rysunkiem szczupłej sylwetki, wypisują hasła o zdrowiu i odchudzaniu, a tak naprawdę są to produkty groźniejsze niż normalne. Batoniki fit z musli, soki owocowe, płatki z polewą jogurtową mające zastępować posiłek dla osób na diecie albo specjalne ciasteczka dietetyczne to często puste hasła reklamowe, za którymi kryją się: syrop glukozowo-fruktozowy, barwniki, aromaty i sztuczne słodziki.

Produkty dla diabetyków mają co prawda wyliczone indeksy glikemiczne, ale gdy wczytamy się w skład, jest tam często więcej sztucznych dodatków z chemicznymi nazwami, niż pamiętamy z lekcji chemii. Ale przerażają również chleby z rzekomo niskim IG, mimo że w składzie widnieje mąka pszenna rafinowana, karmel, płatki ziemniaczane i nieraz, o dziwo, biały cukier. Kto liczy te indeksy? Obawiam się, że często jest to jedynie chwyt marketingowy i tyle. Nie dajmy się zwariować i kierujmy się rozsądkiem.

Skąd to całe zamieszanie? Producenci zawsze szukają niszy na rynku – w naszym przypadku stwarza ją problem cukrzycy – i wychodzą do nas z otwartymi ramionami, czyli półkami produktów teoretycznie przeznaczonych do wspomagania walki z chorobą, ale przy okazji chcą na tym jak najwięcej zarobić. Dlatego pakują w swoje wyroby sztuczne słodziki, zagęstniki i utwardzone tłuszcze trans, które są jeszcze bardziej szkodliwe niż sam cukier.

Człowiek chce sobie pomóc i nieświadomie kupuje te cukrzycowe oszukańce... Nie dość, że wydaje o wiele więcej pieniędzy, to jeszcze pogłębia swoją chorobę. Ta droga prowadzi donikąd. Żywienie w cukrzycy musi opierać się na normalnej, zdrowej diecie bez konieczności wspierania się drogimi zamiennikami. Sami zastąpimy szkodliwe produkty lepszymi, i to bez ponoszenia dodatkowych kosztów finansowych oraz zdrowotnych. W tym właśnie pomogę.

Zamiana gorszego na lepsze to świetne hasło dla prawdziwej, zdrowej rewolucji żywieniowej, którą wprowadzimy do Waszych kuchni!

Rola i rodzaj składników pokarmowych

w żywieniu osób z zaburzeniami glikemii

Ponieważ cukrzyca wiąże się z zaburzeniem gospodarki węglowodanowej, najistotniejszym elementem diety w tej chorobie jest odpowiedni ilościowo i jakościowo dobór węglowodanów. W zaawansowanej cukrzycy paradoksalnie zarówno nadmiar, jak i niedobór **węglowodanów** prowadzi do gwałtownego obniżenia poziomu glukozy we krwi, czyli epizodów hipoglikemii, a w konsekwencji nawet śpiączki cukrzycowej. Toteż produkty węglowodanowe powinny być dobieranie ze szczególną starannością.

Z codziennego menu na pewno należy się pozbyć produktów z cukrem rafinowanym oraz przygotowywanych z białej rafinowanej mąki pszennej, zawierającej łatwo przyswajane cukry proste, a przy okazji gluten (np. kasza manna, kuskus, pszenne pierogi, makarony, kluski, kopytka, pampuchy, groszek ptysiowy i inne). Tymczasem wiele osób chorujących na cukrzycę nie ma świadomości, że pszenny makaron, kajzerka czy ziemniak to też cukier!

Ponadto wykluczeniu podlegają soki owocowe uzyskane z soków zagęszczonych, napoje kolorowe, słodycze, konfitury i dżemy oraz musy owocowe (wszelkie przetworzone owoce mają wysoką zawartość cukru owocowego – fruktozy), a także słodkie smarowidła i dosładzane produkty nabiałowe. Szczegółową listę znajdziesz dalej.

Zamiast tych wysokowęglowodanowych i jednocześnie niskowartościowych produktów wybieraj produkty bogate w węglowodany złożone, które wolniej się wchłaniają, przez co powodują mniejszy wyrzut glukozy do krwi i na dłużej sycą. W twojej kuchni powinny królować zdrowe, grube kasze (gryczana, jęczmienna, pęczak, orkiszowa, owsiana, krakowska), komosa ryżowa, amarantus, ryż brązowy, czerwony i dziki, pieczywo z pełnego przemiału, warzywa i mąki razowe (gryczana, owsiana, orkiszowa, żytnia) oraz pełnoziarniste płatki (gryczane, owsiane, żytnie, jęczmienne, orkiszowe). Należy natomiast zmniejszyć ilość bardzo zdrowej, ale wysokowęglowodanowej kaszy jaglanej. Dalej podpowiem sposoby, jak zmniejszyć jej indeks glikemiczny, żeby nie trzeba było wykluczać jej całkowicie.

Białka to składniki odżywcze, które zapewniają sytość. Ich obecność w posiłku nie powoduje wahań poziomu cukru we krwi i człowiek nie sięga szybko po kolejną porcję.

Ilość białka w diecie diabetyka powinna wynosić 0,8–1 g/kg masy ciała w zależności od wieku, płci i aktywności fizycznej. Jeśli jednak cukrzycy towarzyszą inne dolegliwości, takie jak niewydolność nerek, należy ustalić tę ilość indywidualnie.

Teoretycznie połowa białka powinna pochodzić ze źródeł nieroślinnych, ale w dzisiejszych czasach popularności diet wegetariańskich spokojnie można je zastąpić proteinami z roślin. Należy jednak robić to roztropnie, bo produkty roślinne zawierające białko posiadają też towarzyszące im skrobię i węglowodany. Wiele proponowanych w tym poradniku przepisów ma też wersję wegetariańską.

Tłuszcze, jakie warto spożywać, to nierafinowane oleje roślinne tłoczone na zimno. Natomiast bardzo groźne dla zdrowia i pogłębiające choroby towarzyszące cukrzycy są kwasy tłuszczowe w konfiguracji trans, inaczej mówiąc, roślinne tłuszcze utwardzone. Mimo że są roślinne, w procesie ich przetwarzania (tzw. uwodornienia) powstają niebezpieczne dla zdrowia, rakotwórcze substancje. To właśnie te tłuszcze do spółki z nadmiarem cukru powodują mikrouszkodzenia naczyń krwionośnych i podnoszą szkodliwość cholesterolu, sprzyjając tworzeniu się blaszki miażdżycowej, co doprowadza do zwiększenia ryzyka choroby wieńcowej serca, udaru czy zawału.

Tłuszcze zwierzęce powinny pochodzić z dobrej jakości chudego mięsa i tłustych ryb. Dieta cukrzyka musi obfitować w kwasy tłuszczowe omega-3, które działają przeciwzapalnie i niwelują ryzyko schorzeń sercowo-naczyniowych. Dlatego jako dodatki do dań na zimno powinny na stałe w niej zagościć oleje roślinne nierafinowane tłoczone na zimno, np. olej lniany, oliwa, olej z kiełków pszenicy.

Błonnik roślinny to składnik mający „magiczną" moc obniżania indeksu glikemicznego, gdyż spowalnia wchłanianie węglowodanów do krwi. Dodatek błonnika do potrawy zapobiega skokom poziomu glukozy oraz reguluje prawidłową przemianę materii (zapobiega zaparciom) i wspomaga detoksykację organizmu. Włókno roślinne w diecie zapewniają pełnoziarniste produkty zbożowe, otręby, zarodniki zbożowe oraz warzywa i takie rośliny, jak babka płesznik czy ostropest.

Najważniejsze zasady diety normalizującej glikemię:

- Wyeliminuj z diety słodycze, produkty zawierające cukry proste oraz fast foody i produkty konserwowane.
- Wybieraj produkty z niskim indeksem glikemicznym i ładunkiem glikemicznym (wyjaśnienie tych terminów na str. 18) oraz gotuj zgodnie z zasadami indeksu glikemicznego.
- Jedz regularnie i mniej więcej o tych samych porach, w odstępach około czterech godzin. W przypadku insulinooporności cztery posiłki dziennie to najbardziej skuteczna metoda pozwalająca na naturalne obniżenie poziomu insuliny we krwi.
- Nie podjadaj między posiłkami, szczególnie owoców i słodkich przekąsek. Cukier w potrawie nasila glikemię i szkodzi walce z cukrzycą.
- Prawidłowo komponuj posiłki. Świeże owoce łącz zawsze z orzechami, pestkami i błonnikiem – tłuszcz z nasion oleistych oraz błonnik spowolnią wchłanianie glukozy do krwi.
- Podejmuj wysiłek fizyczny dopasowany do swoich potrzeb i możliwości. Pamiętaj, że intensywny ruch wymaga zwiększenia podaży węglowodanów złożonych w diecie.
- Unikaj papierosów i alkoholu.
- Unikaj produktów light oraz wysoko przetworzonych zamienników chleba typu pieczywo chrupkie czy wafle ryżowe. Są to przetworzone węglowodany, które utraciły swoje wartości odżywcze i tylko udają prawdziwy posiłek.
- Nie podchodź do diety jak do srogiej kary. To wybór lepszego, zdrowszego życia!
- Gotuj to samo dla całej rodziny.
- Pamiętaj, że liczy się jakość, a nie ilość!

Jako **dodatki do dań na zimno** w kuchni powinny na stałe zagościć oleje roślinne nierafinowane tłoczone na zimno, np. olej lniany, oliwa, olej z kiełków pszenicy.

Magiczny indeks glikemiczny

Dieta oparta na niskim indeksie glikemicznym jest najlepszym wyborem dla osób z zaburzoną glikemią. **Indeks glikemiczny** (IG) to parametr wskazujący, jak rośnie poziom glukozy po spożyciu określonego produktu. Punktem odniesienia jest wzrost poziomu cukru we krwi po spożyciu czystej glukozy.

W skali IG przyjęto, że spożycie 50 g glukozy (przyswajalnych węglowodanów) powoduje wzrost cukru we krwi o 100 procent. Im wyższy IG, tym produkt jest szybciej trawiony, szybciej przenika z jelit i powoduje szybszy wzrost stężenia glukozy we krwi, a co za tym idzie – duży skok insuliny. Produkty o niskim IG wchłaniają się do krwi powoli i nie powodują tak gwałtownych wahań cukru.

- Produkty o **IG poniżej 55** uznane są za te o NISKIM indeksie.
- Produkty o **IG 55–70** mają ŚREDNI indeks.
- Produkty o **IG powyżej 70** są uważane za te o WYSOKIM indeksie glikemicznym.

Co dzieje się w organizmie po spożyciu produktów z wysokim indeksem glikemicznym? Po upływie godziny lub dwóch po takim posiłku wchłanianie składników odżywczych z przewodu pokarmowego oraz poziom glukozy we krwi ulegają obniżeniu, jednak nadal trwają fizjologiczne efekty wysokiego poziomu insuliny i niskiego poziomu glukagonu. Wskutek tego poziom glukozy we krwi obniża się jeszcze bardziej, spadając często do wartości niższych niż notowane na czczo. Doprowadza to do tzw. hipoglikemii reaktywnej, która z kolei wpływa na zmniejszenie utleniania glukozy. Taka hipoglikemia poposiłkowa powoduje zmiany fizjologiczne błon komórkowych, lipoprotein i DNA oraz nasilenie procesów zapalnych, co jest czynnikiem ryzyka chorób układu sercowo-naczyniowego oraz cukrzycy typu II.

Po 2–3 godzinach hipoglikemia reaktywna powoduje odpowiedź hormonalną glukagonu, adrenaliny i hormonu wzrostu, które przywracają prawidłowy poziom glikemii m.in. przez zwiększenie stężenia poziomu wolnych kwasów tłuszczowych, co sprzyja insulinooporności oraz rozkładaniu białek. Znaczy to, że organizm jest w stanie „głodu", dlatego dość szybko sięgamy po kolejny posiłek, doprowadzając do kolejnego wzrostu glikemii.

Takich zjawisk nie obserwuje się po spożyciu produktów z niskim IG, ponieważ posiłki są wtedy dłużej trawione i wchłaniane, nie wzbudzając alarmu w organizmie.

Trzeba dodać, że odpowiedź glikemiczna jest cechą indywidualną każdego z nas. Zależy od wrażliwości komórek obwodowych na insulinę, działania komórek β trzustki, czynności trawiennych układu pokarmowego, a także aktywności fizycznej, przyjmowanych leków, używek, stresu oraz tempa metabolizmu.

Aby nie głowić się ciągłym liczeniem IG i ważeniem produktów, najlepiej jest przyjąć strategię eliminacyjną i niektóre produkty – te z wysokim IG – na stałe wykluczyć ze swojej diety, ewentualnie spożywać rzadko i w małych ilościach. Najgroźniejsze są oczywiście pokarmy o najwyższym IG, dlatego posiłki należy komponować na bazie tych z niskim i średnim indeksem, a ponadto wprowadzać takie techniki obróbki termicznej oraz metody komponowania posiłków, które obniżą indeks glikemiczny potrawy.

Zanim jednak napiszę więcej o tych metodach, muszę wspomnieć o jeszcze jednym parametrze: **ładunku glikemicznym**. Indeks glikemiczny nie uwzględnia bowiem ilości spożywanych w posiłku węglowodanów, tylko ich jakość pod względem prowokowania wyrzutu glukozy. Aspekt ilościowy jest ujęty w ramach ładunku glikemicznego, który zależy zarówno od IG, jak i od ilości spożytych węglowodanów. Oblicza się go, mnożąc ilość węglowodanów przyswajalnych wyrażoną w gramach przez IG danego produktu, po czym uzyskaną wartość dzieli się przez 100. Dla nas istota koncepcji ładunku glikemicznego sprowadza się do tego, że mimo wysokiego IG określonych produktów, spożycie małej ich porcji jest dozwolone, szczególnie jeśli znajdują się w dobrym towarzystwie warzyw o niskim IG.

Zatem sporadycznie i w niewielkich ilościach możesz spożywać nawet niektóre produkty z wysokim indeksem ze względu na ich wysoką wartość odżywczą, pamiętaj jednak, aby zawsze łączyć je z pokarmami o niskim IG.

Ponadto pamiętaj, aby generalnie wybierać produkty o niskim i średnim IG. Nie podniosą one gwałtownie poziomu cukru we krwi. Organizm wykorzysta je na bieżące potrzeby energetyczne i jako uzupełnienie glikogenu w wątrobie, nie magazynując ich w formie tkanki tłuszczowej.

Jak można obniżać indeks glikemiczny

Na poziom indeksu glikemicznego ma wpływ wiele czynników związanych z właściwościami samego produktu czy posiłku: szczegółowy profil węglowodanowy (zawartość i proporcje glukozy, fruktozy, sacharozy, laktozy i skrobi), a także zawartość tłuszczu, błonnika, białka, kwasów organicznych i substancji antyodżywczych. Tak na przykład niższy indeks glikemiczny mają produkty zawierające fruktozę lub laktozę niż zbudowaną z glukozy skrobię.

Jak wspominałam wcześniej, na wiele sposobów można obniżyć indeks glikemiczny potrawy bogatej w węglowodany, szczególnie w materiał zapasowy roślin zbożowych i korzeniowych, jakim jest skrobia. Skrobia zbudowana jest z amylozy i amylopektyny (w różnych proporcjach). Bogate są w nią produkty z białej mąki pszennej (w tym makarony), ryż, kukurydza, owies, jęczmień, żyto, kasza jaglana, ziemniaki, bataty, bób, groch, ciecierzyca, soczewica, fasola i niektóre owoce (banany, mango, jabłka).

Tradycyjne, długie gotowanie w wodzie i w wysokiej temperaturze zmienia strukturę skrobi. Pod wpływem ciepła wiązania międzycząsteczkowe rozluźniają się i pękają, wciągając duże ilości wody. Ziarna skrobi zaczynają pęcznieć, a po dłuższym ogrzewaniu amylopektyna i amyloza przechodzą do roztworu, tworząc lepki żel. Stopień żelowania jest zależny od zawartości amylozy – im jest jej mniej, tym żel jest bardziej lepki.

Produkty z niską zawartością amylozy, stające się podczas gotowania lepkie, „skleikowane", powodują, że skrobia jest łatwiej strawna i bardzo szybko rozkłada się na cząsteczki glukozy, co oznacza szybki wzrost glikemii we krwi. Inaczej mówiąc, produkty z małą zawartością amylozy mają wysoki indeks glikemiczny. Z punktu widzenia diety dla diabetyków jest to bardzo niekorzystne.

Skrobia oporna – ratunek dla cukrzyka

W diecie cukrzycowej produkty bogate w węglowodany powinny być nie tylko ograniczane, ale także odpowiednio przygotowywane. Prawidłowy proces obróbki cieplnej sprawia, że ten składnik staje się bezpieczniejszy.

Mówię o skrobi opornej, powstałej w wyniku poddawania produktów skrobiowych (nasion roślin strączkowych, takich jak soczewica, ciecierzyca, fasola, a także kasz, ryżu, mąki żytniej, płatków, pieczywa) **wysokiej temperaturze w minimalnej ilości lub wręcz bez wody** (np. pieczenie w piekarniku lub gotowanie na parze zamiast w wodzie oraz schładzanie produktów węglowodanowych przed spożyciem). W wyniku tego sposobu przygotowania skrobia ulega uszkodzeniom strukturalnym, przyjmuje postać krystaliczną i staje się NIESTRAWNA (oporna na działanie enzymów trawiennych), przez co nie ulega przekształceniu w glukozę i wchłonięciu w jelicie cienkim. Przechodzi zatem do jelita grubego i w obecności flory bakteryjnej podlega fermentacji.

Danie automatycznie staje się dla nas mniej kaloryczne, za to bardziej sycące. Jednocześnie skrobia oporna bardziej niż zwykła jej postać wypełnia jelita i wspomaga ruchy robaczkowe, przez co usuwane są zbędne, zalegające w jelitach resztki (zachowuje się tu podobnie jak błonnik, a ściślej mówiąc, jak nierozpuszczalny błonnik pokarmowy, do którego się ją zalicza). Sprawia to, że obniża poziom cholesterolu i pH okrężnicy. Wspiera to prawidłowy rozwój flory jelit oraz wytwarzanie przez mikrobiom krótkołańcuchowych kwasów tłuszczowych (maślanów), niezmiernie pożytecznych dla zdrowia jelita grubego. Jednocześnie skrobia oporna zmniejsza zapotrzebowanie na insulinę i nie powoduje wahań glikemii.

Podsumowując, **długie gotowanie w wysokiej temperaturze i w dużej ilości wody zwiększa indeks glikemiczny produktów węglowodanowych**, bo skrobia ulega żelowaniu („skleikowaniu"), przez co jest łatwo strawna – a to dla nas źle, ponieważ szybko podnosi poziom glukozy we krwi i powoduje duży wyrzut insuliny oraz zwiększa apetyt na kolejny posiłek. Nie wystarczy więc tylko wybierać produktów zawierających węglowodany złożone. Trzeba je także prawidłowo przygotowywać, spożywać w odpowiednich ilościach i właściwie komponować.

Poniżej przedstawiam najważniejsze zalecenia dotyczące gotowania zgodnego z zasadami niskiego indeksu glikemicznego.

Gotowanie wg zasad niskiego IG

Chłodzenie i odgrzewanie. Retrogradacja to odwrócenie procesu żelowania, czyli powrót zżelowanego produktu do formy bliskiej pierwotnej postaci molekularnej pod wpływem poddania go niskiej temperaturze. Uff! Tymczasem chodzi po prostu o schłodzenie w lodówce (w temperaturze ok. 4–5°C) ugotowanych wcześniej produktów węglowodanowych. Struktura skrobi podlega wtedy dalszym przemianom; cząsteczki amylozy i amylopektyny ulegają rearanżacji. Im niższa temperatura, tym szybszy proces retrogradacji i skuteczniejsze obniżenie IG.

W praktyce oznacza to, że o wiele bardziej korzystne jest jedzenie kaszy, makaronu, ryżu czy warzyw odgrzanych po wcześniejszym ochłodzeniu niż spożycie ich zaraz po ugotowaniu. Ponowne odgrzewanie nie powoduje już podwyższenia IG! Dlatego nasiona roślin strączkowych oraz kasze gotuj wcześniej, ochładzaj w lodówce i dodawaj do dań na chwilę przed końcem ich przygotowania.

Suszenie i pieczenie mają podobne działanie jak retrogradacja, dlatego np. suszone lub pieczone buraki, bataty, jabłka czy marchewki mają niższy IG niż ugotowane.

Gotowanie na parze i al dente (5–6 minut) – niższy IG mają produkty nierozgotowane oraz te ugotowane w minimalnej ilości wody lub na parze.

Obecność białka w posiłku z węglowodanami sprawia, że obecna w nich skrobia jest trudniej strawna, co znacząco przyczynia się do obniżenia IG potrawy. Białka mają też wpływ na zwiększenie wydzielania enzymów jelitowych i insuliny, co obniża efektywny indeks glikemiczny posiłku.

Dodatek błonnika (szczególnie frakcji rozpuszczalnej) wpływa hamująco na wydzielanie trawiącej cukier amylazy, obniżając wchłanianie glukozy w jelitach, przez co spada IG produktów mącznych.

Obecność tłuszczu (orzechów, nasion) w posiłku powoduje spowolnienie opróżniania żołądka oraz dłuższe trawienie i wchłanianie węglowodanów w jelicie cienkim.

Obecne w fermentowanych produktach mlecznych kwasy organiczne (cytrynowy czy mlekowy) wywołują spadek IG. Zatem jogurty powodują zmniejszenie wzrostu glikemii we krwi. Jednak po ich spożyciu wzrasta stężenie insuliny, co jest niekorzystne w przypadku występowania insulinooporności.

Składniki antyodżywcze – taniny, fityniany, inhibitory amylazy – które znajdują się w pełnych ziarnach zbóż, otrębach, warzywach oraz nasionach roślin strączkowych, utrudniają wchłanianie węglowodanów w przewodzie pokarmowym, co zmniejsza IG potrawy.

Wybieranie owoców o mniejszym stopniu dojrzałości (banany, jabłka). Strawność skrobi zawartej w owocu rośnie wraz z czasem dojrzewania owocu, bo w procesie tym rozkłada się ona do szybko wchłanialnej glukozy.

Zbyt długie przechowywanie warzyw bulwiastych i korzeniowych podwyższa IG, młode ziemniaki mają o wiele niższy IG niż stare, przechowywane całą zimę w piwnicy.

Rozdrabnianie. Wielkość cząsteczek ma wpływ na IG. Mielone ziarna zbóż stają się łatwiej strawne i podatne na rozpuszczanie, a także działanie enzymów trawiennych i hydrolizę (rozkład w obecności wody). O wiele lepiej spożywać ziarna w postaci całej, nieprzetworzonej (czyli kasze

Suszone lub pieczone buraki, bataty, jabłka czy marchewki mają niższy IG niż ugotowane.

i otręby) niż w formie mąki i wypieków (np. naleśników czy placków). Ponadto o wiele niższy IG mają całe jabłka niż jabłka tarte czy wypijane jako sok.

Wielkość spożywanej porcji oraz... szybkie jedzenie także powodują zwiększenie IG, ponieważ wpływają na poziom trawienia i wchłaniania węglowodanów.

Oprócz jakości pamiętaj też o ilości spożywanych produktów węglowodanowych, czyli o ich ładunku glikemicznym. Zawsze podczas komponowania posiłku łącz pokarmy o średnim IG z tymi o bardzo niskim IG, żeby zachować równowagę posiłku. Tylko samodzielne gotowanie i niekorzystanie z komercyjnych gotowych produktów spożywczych umożliwi Ci opanowanie wahań poziomu glikemii, dając do ręki realny oręż w walce o zdrowie.

Na czym oprzeć dietę?

Dieta powinna bazować na produktach o niskim i średnim IG. Są to:

- **Jajka, mięso chude, ryby, owoce morza, sery żółte, tłuszcz roślinny i zwierzęcy** – to produkty o ZEROWYM indeksie.
- **Warzywa** – w zasadzie większość, szczególnie w formie surowej lub przygotowanej al dente: surowe buraki i marchewka, brukselka, kapusta biała, czerwona, kiszona i włoska, sałata lodowa i rzymska, roszponka, rukola, cykoria, cukinia, bakłażan, karczochy, cebula, pieczarki, fasolka szparagowa, grzyby, kalafior, brokuły, fasola, imbir, wszystkie kiełki (także strączkowe – fasolka mung, soja), tofu, ciecierzyca (humus), oregano, bazylia, majeranek, koper, natka pietruszki, szpinak, czosnek, pędy bambusa, grzyby mun, papryka kolorowa, topinambur, papryczki chili, pomidory, rzepa, rzodkiewka, zielony groszek, seler korzeniowy, suszone pomidory. Warzywa ze średnim IG: świeży bób, fasola z puszki, bataty.
- **Owoce** – czarne i czerwone porzeczki, awokado, jeżyny, maliny, poziomki, truskawki, wiśnie, grejfruty, twarde gruszki, mandarynki, marakuja, mango, świeże morele, pomelo, kiwi, czereśnie, borówki, jagody, cytryny, limonki, agrest, brzoskwinie, figi, granaty, twarde jabłka, nektarynki, pigwa, śliwki. Owoce ze średnim IG: figi, śliwki i morele suszone, pomarańcze, świeży ananas, liczi, kaki.

- **Orzechy, nasiona, pestki i ich pochodne** – migdały, orzechy laskowe, włoskie, ziemne, piniowe, nerkowce, pistacje, pestki dyni i słonecznika, siemię lniane, mak, sezam, kokos, mleko kokosowe, masła orzechowe i migdałowe, mleka migdałowe, owsiane, sojowe.
- **Produkty zbożowe i nasiona** – zarodki i otręby zbożowe, ziarna i kasze: gryka, owies, jęczmień, kamut, orkisz, soja i mąka sojowa, ciecierzyca, soczewica, komosa ryżowa, amarantus, ryż brązowy i dziki, makaron chiński sojowy lub z fasoli mung, mąka pszenna razowa, gryczana, orkiszowa razowa, owsiana, płatki owsiane, gryczane, żytnie, jęczmienne, wielozbożowe, pumpernikiel.
- **Słodycze** – gorzka czekolada (minimum 70%), kakao gorzkie, ksylitol, erytrytol, stewia, wypieki z mąki kokosowej, owsianej.

Jak widać, lista ta pozwala na dużą różnorodność diety, a przede wszystkim obfituje w zdrowe i naturalne produkty. Nauczę Was, jak przyrządzać z nich pyszne i szybkie dania dla całej rodziny oraz pokażę alternatywę dla tradycyjnych, zakazanych potraw!

Co należy wykluczyć?

Tabele produktów z ich IG można bez trudu znaleźć w wielu źródłach – książkach i internecie. Nie chcę ich tu powtarzać. Wskażę natomiast, które produkty są najbardziej kontrowersyjne i niepożądane w naszej diecie. Pozostałe nie muszą być definitywnie wykluczone z jadłospisu, jeśli będziemy je przygotowywać zgodnie z opisanymi wyżej zasadami.

Produkty, które należy wyeliminować

ewentualnie ograniczyć, dbając o ich odpowiednie przygotowanie i jedząc je łącznie z innymi zalecanymi składnikami diety przy wahaniach glikemii

Produkty o bardzo WYSOKIM indeksie glikemicznym (powyżej 54):

- **Warzywa:** gotowane, w formie purée, pieczone i smażone ziemniaki, kukurydza i groszek z puszki, gotowane buraki, marchewki, bób, dynie.

- **Owoce:** bardzo dojrzałe banany i jabłka, przejrzałe gruszki, melony, arbuzy, winogrona, owoce z puszki (brzoskwinie, ananasy), owoce suszone (daktyle, morele, rodzynki), owoce kandyzowane oraz wszelkie przetwory owocowe (soki, dżemy, musy, konfitury, syrop klonowy).
- **Produkty zbożowe:** wszystkie produkty i wypieki zawierające białą mąkę pszenną, komercyjne wypieki cukiernicze, białe pieczywo, makarony pszenne, pierogi, naleśniki, kluski itp., ziarna tzw. dmuchane, preparowane, ryż biały, jęczmień, amarantus, proso, płatki kukurydziane, drobne kasze typu manna, kuskus, kleiki, proso (kasza jaglana), polenta oraz mąka kukurydziana, ziemniaczana, ryżowa, musli z dodatkiem cukru, fruktozy, słodu i syropu glukozowo-fruktozowego, suchary.
- **Produkty wysoko przetworzone:** wędliny sklepowe oraz wyroby mięsne z konserwantami i glutaminianem sodu (parówki, pasztety, kabanosy); chipsy, hamburgery, frytki, tradycyjna pizza, lazania, bułki słodkie, keczup i musztarda z cukrem, kremy czekoladowe, słodycze z cukrem białym i brązowym, sztuczne słodziki, słodkie napoje gazowane, wody smakowe, herbaty mrożone, napoje z aspartamem, pieczywo ryżowe, melasa, sucharki, batony czekoladowe, piwo, produkty instant, żywność typu light, słodzone płatki do mleka.

Nabiał to dość kontrowersyjny składnik diety dla wszystkich dorosłych, nie tylko borykających się z problemami cukrzycowymi. Osobiście uważam, że jeśli spożywamy nabiał, powinien on być tylko dodatkiem, a nie bazą diety. Dalej przeczytasz o nim więcej.

Przede wszystkim powinieneś sprawdzić, jak Twój organizm reaguje na jedzenie nabiału; wiele osób twierdzi, że jest dla nich insulinogenny, że puchną od niego palce i nogi. Wielu ma problem z jego trawieniem; powoduje wzdęcia, zaparcia i zgagi. Ja odradzam też nadmiar nabiału ze względu na jego pochodzenie. Dzisiejsze krowy są faszerowane steroidami, hormonami i antybiotykami, a to wszystko trafia potem do mleka.

W przypadku wahań glikemii na pewno trzeba wykluczyć z diety tłuste mleko krowie, mleko słodzone cukrem i słodem lub słodzikami oraz produkty nabiałowe, czyli serki, jogurty, mleka smakowe. Powinno się zminimalizować spożycie białych twarogów i serków ziarnistych oraz homogenizowanych.

Tak jak wcześniej wspomniałam, można sporadycznie używać wymienionych produktów, ale tylko w odpowiednim towarzystwie, po prawidłowym przygotowaniu i w małych ilościach. To ważne dlatego, że burak czy marchewka są bardzo wartościowymi warzywami i szkoda byłoby pozbyć się ich z diety całkowicie, dlatego warto uzbroić się w wiedzę, jak sobie z nimi radzić.

Mleko... stary przyjaciel czy nowy wróg?

Mleko stanowi przede wszystkim źródło laktozy, cukru mlecznego, który absolutnie nie sprzyja osobom będącym na diecie z niskim indeksem glikemicznym. Ponadto dzisiejsze mleko nie ma nic wspólnego z tym, które wielu z nas piło w dzieciństwie.

Dlatego moją propozycją jest **wykluczenie mleka pasteryzowanego**. Argumentem niech będzie to, że mleko takie jest pozbawione dobrych bakterii. Proces pasteryzacji niszczy naturalnie zawarte z nim enzymy i probiotyki oraz negatywnie wpływa na skład aminokwasów, przez co mleko staje się niestrawne i źle przyswajalne.

Dodatkowo **homogenizacja produktów mlecznych** prowadzi do utleniania zawartego w nich tłuszczu i wytwarzania szkodliwych dla zdrowia wolnych rodników. Osłabiają one układ odpornościowy, niszczą komórki i doprowadzają do osłabienia szczelności jelit.

Ponadto mleko zawiera pewien typ białka, tzw. beta-kazeinę A1, wydzielającą beta-kazomorfinę-7 (o budowie zbliżonej do morfiny), która może wywoływać silniejszy efekt zapalny niż gluten, przez co doprowadza do zaburzenia mikrobiomu.

Dodajmy, że krowy hodowane przemysłowo są faszerowane antybiotykami i steroidami, w związku z czym pochodzące od nich mleko jest zanieczyszczone tymi substancjami. Doprowadza to do oporności na antybiotyki oraz zaburza pracę naszego układu hormonalnego i odpornościowego.

Jeśli chcesz spożywać produkty mleczne i nie masz nietolerancji laktozy i kazeiny, polecam robienie własnych jogurtów i kefirów z mleka niepasteryzowanego, szczególnie koziego, przy użyciu specjalnych szczepów bakterii fermentacji mlekowej.

Mleko kozie jest bardzo odżywcze i charakteryzuje się zawartością szerokiego wachlarza probiotyków, przeciwzapalnych kwasów omega-3, wapnia, magnezu, witaminy K2 oraz białka. Proponuję też zapoznać się z nieocenionym pod względem walorów odżywczych i smakowych **mlekiem kokosowym**. Ma wspaniały smak i zawiera wiele składników o działaniu przeciwzapalnyn, przeciwbakteryjnym, przeciwwirusowym i przeciwgrzybiczym. W jego składzie znajdują się też kwasy laurynowy i kaprynowy, średniołańcuchowe kwasy tłuszczowe wspomagające proces uszczelniania jelit. Wpływają one na obniżenie poziomu cholesterolu i ciśnienia krwi, przez co są wartościowe w prewencji chorób układu sercowo-naczyniowego.

Zachęcam także do spróbowania **mleka migdałowego**, delikatnego w smaku, charakteryzującego się dużą zawartością antyoksydacyjnej witaminy E oraz kwasów omega-3.

Przepisy na fermentowane produkty mleczne

Zaopatrz się w żywe kultury bakterii – to podstawa, aby przygotować domowy jogurt. Kupisz je w wielu w sklepach ze zdrową żywnością, w internecie, a nawet w dobrze zaopatrzonej… siłowni. To bakterie probiotyczne, które przeprowadzą zakwaszenie, czyli fermentację mlekową. Dzięki nim jogurt będzie zawierać cenne dla jelit mikroby zamiast zbędnych dodatków smakowych i zapachowych, tj. oprócz tych, których sam zdecydujesz się użyć.

W składzie znajdziesz bakterie z rodzaju Lactobacillus (lactis, delbrueckii, acidophilus, gasseri), Streptococcus thermophilus, Bifidobacterium lactis, Enterococcus faecium. Dbają one o nasze jelita, przyczyniając się do prawidłowego trawienia i przyswajania składników odżywczych. Ponadto wspomagają walkę z patogenicznymi bakteriami i grzybami, niwelują zaparcia i wzmacniają odporność, a produkty mleczne są dzięki nim bardziej strawne.

Żywe kultury bakterii kupisz w wielu w sklepach ze zdrową żywnością, w internecie, a nawet w dobrze zaopatrzonej... siłowni.

Domowy jogurt

- porcja kultur bakterii lub 200 ml naturalnego jogurtu probiotycznego bio
- 1 litr mleka krowiego lub koziego 3,2% świeżego zagotowanego lub pasteryzowanego (nie UHT)
- termometr kuchenny

Zagotuj mleko, a następnie ostudź je do 37–43°C i przelej do szklanego naczynia (dzbanka, słoika). Dodaj bakterie lub jogurt probiotyczny. Wymieszaj dokładnie drewnianą łyżką. Zakryj szczelnie naczynie, owiń je grubym ręcznikiem lub ścierką i ustaw w ciepłym miejscu, np. przy kaloryferze, na całą noc.

Następnego dnia oceń gęstość jogurtu. Jeśli jest za rzadki, zostaw go jeszcze na kilka godzin. Gotowy jogurt wstaw do lodówki i przechowuj nie dłużej niż 2–3 dni. Jogurt nadaje się do zaszczepiania kolejnych porcji.

Kefir, twarożek

Aby zrobić kefir, powtórz cały proces, ale z mlekiem o zawartości 2% tłuszczu.

Aby przygotować twarożek, zrób jogurt według powyższego przepisu, a następnie przelej jogurt do miski i podgrzej go w „kąpieli wodnej" do temperatury ok. 65°C. Następnie odstaw go do wystudzenia i oddzielenia się serwatki. Przelej zawartość miski przez sito, by oddzielić twaróg. Przechowuj w lodówce nie dłużej niż 3 dni.

Jogurt roślinny

- 1 litr mleka migdałowego, kokosowego, owsianego czy orzechowego z małą zawartością wody (im gęstsze mleko, tym gęstszy jogurt)
- zestaw bakterii jogurtowych (zawierających gatunki: Lactobacillus delbrueckii, L. acidophilus, Bifidobacterium lactis, Streprococcus thermophilus)
- łyżeczka miodu (bakterie potrzebują pożywki)
- opcjonalnie 1 łyżka agaru

Podgrzej mleko roślinne do temperatury 80°C i wystudź do 43°C. Dodaj miód i wymieszaj.

Wlej trochę mleka roślinnego do fiolki z bakteriami i dokładnie rozpuść. Całość wymieszaj z resztą mleka roślinnego i przelej do szklanego naczynia z pokrywką lub do termosu, aby łatwiej utrzymać stałą temperaturę. Zostaw na 12 godzin w cieple.

Jeśli jogurt wyjdzie za rzadki, możesz dodać rozpuszczony w odrobinie mleka roślinnego agar i wymieszać z całością.

Schłodź w lodówce.

Gluten – szkodliwa moda czy realne zagrożenie?

Badania wskazują, że gluten stanowi realne zagrożenie z przynajmniej dwóch powodów. Po pierwsze, może wpływać toksycznie na jelita, doprowadzając do zaburzenia ich szczelności, przez co spada odporność organizmu.

Drugi powód jest taki, że w ciągu ostatnich 40–50 lat pszenica stała się zbożem najchętniej modyfikowanych przez producentów w celu zwiększenia plonów oraz polepszenia struktury wypieków. Konsekwencją jest zwiększenie stosowania nawozów sztucznych i pestycydów oraz transformacje genetyczne. W efekcie dzisiejsza pszenica jest uboga w składniki odżywcze przy jednoczesnym nadmiarze tuczących węglowodanów, prozapalnego glutenu, amylopektyny zwiększającej indeks glikemiczny oraz antyodżywczego kwasu fitowego, który utrudnia wchłanianie lub zakłóca działanie cennych, potrzebnych organizmowi składników (wapnia, magnezu, żelaza, cynku, miedzi i innych).

Amylopektyna, zwana superwęglowodanem, ma zdolność szybszego podnoszenia poziomu cukru we krwi, co nasila problem z wahaniem glukozy i insuliny, a to z kolei sprzyja odkładaniu się tkanki tłuszczowej w rejonie brzucha, nasilając ryzyko insulinooporności oraz cukrzycy typu II i stłuszczenia wątroby.

W dzisiejszych czasach intensywnego rozwoju przemysłu spożywczego gluten jest wszędzie – od płatków śniadaniowych począwszy, przez chipsy, cukierki, sosy do sałatek, sosy warzywne, majonez, keczup, kostki rosołowe, mieszanki przyprawowe, paluszki rybne, jogurty smakowe, a kończąc na wędlinach. Pojawia się tam pod różnymi zakamuflowanymi nazwami (np. skrobia żelowana, skrobia spożywcza, maltodekstryna, różne słody, hydrolizowane białko roślinne i wiele innych).

Nie daj się też nabrać na **komercyjne produkty bezglutenowe**. Krocie zarabiają na nich wielkie koncerny spożywcze, które zauważyły zainteresowanie takim towarem. Produkują ciasteczka, chleby, sosy, wypieki, gotowe obiady, wędliny i inne. Te „gotowce", choć wolne od glutenu, są najczęściej nafaszerowane innymi polepszaczami i zagęstnikami oraz pełne tłuszczy utwardzonych i cukrów rafinowanych.

Spytasz zapewne, jak wybrnąć z tego problemu i co wybrać. To proste! Sięgaj po powszechnie dostępne **naturalnie produkty bezglutenowe**. Należą do nich kasza: gryczana, kasza jaglana, ryż brązowy, ryż dziki, ryż czerwony. Wybieraj też produkty z dużą zawartością błonnika, takie jak kasze: pęczak, jęczmienna, orkiszowa, gruba owsiana, krakowska. Co prawda zawierają pewną niewielką ilość glutenu, ale nie są modyfikowane na taką skalę jak pszenica i są pełne innych składników odżywczych oraz węglowodanów złożonych, które nie powodują szybkiego wzrostu glukozy we krwi – w konsekwencji są sycące i nie tuczą.

Spróbuj też bardziej egzotycznych na naszym rynku, ale nie mniej odżywczych produktów zbożowych, takich jak amarantus czy komosa ryżowa. Są droższe, ale pamiętaj: zdrowie jest nie do przecenienia…

Nie zamykaj się także na nowości i zamienniki białej mąki. Zaproponuję ci wykorzystywanie na co dzień mąki gryczanej, owsianej, kokosowej, migdałowej, pełnoziarnistej żytniej, orkiszowej razowej czy graham, które mają dużą zawartość błonnika i niski IG, a pozwalają tworzyć dania równie smaczne jak te, które znasz z tradycyjnej kuchni polskiej.

Dobroczynne kiszonki – prawdziwe dary natury i mądrość naszych babć

Chciałabym udowodnić Wam, że w zdrowym żywieniu warto stawiać na prostotę. Pewnie, że dobrze jest próbować nowych produktów typu komosa ryżowa czy mleko kokosowe, ale tak naprawdę dobrej żywności nie trzeba szukać daleko. Czasami wystarczy zejść do piwnicy naszej babci, aby odkryć prawdziwe skarby. Do dziś pamiętam, jak moja ciocia Krysia, mieszkająca w małym miasteczku na Podlasiu, samodzielnie kisiła w dużej beczce pyszną kapustę z marchewką i kminkiem, a moja kochana mama w sezonie letnim zastawiała całą kuchnię słoikami, przygo-

W **kapuście kiszonej** jest blisko dwadzieścia razy więcej witaminy C niż w świeżej.

towując domowe ogórki kiszone. W czasach mojego dzieciństwa nie zdarzyło się, żeby tego typu produkty były kupowane w sklepie. Wszystko było robione naturalnie, bez polepszaczy i konserwantów.

Dziś, niestety, jest inaczej. W pędzie codziennego życia nie mamy czasu na domowe przetwory, a szkoda. Kiszonki kupione w sklepie nie wytrzymują porównania z tymi robionymi samodzielnie; często są konserwowane sorbinianem sodu i zamiast pomagać, szkodzą zdrowiu. Dlatego namawiam Was na powrót do przeszłości; na zaufanie mądrości naszych babć, które w zimowe dni korzystały z produktów przygotowanych latem.

Dlaczego piszę o kiszonkach? Bo to najcenniejszy wytwór, który sprezentowała nam natura! W produktach, które uległy fermentacji mlekowej, znajdziemy bogactwo bakterii probiotycznych – nieocenionego sprzymierzeńca naszych jelit. Ponadto kiszenie to proces, który sprawia, że warzywa stają się bardziej wartościowe i lżej strawne, a składniki odżywcze są lepiej wchłaniane przez organizm.

Tradycja kiszenia warzyw wynika z naturalnej potrzeby, wymuszonej przez zmiany pór roku. Latem mamy bogactwo świeżych owoców i warzyw. Zimą powinno się spożywać je w formie naturalnie zakonserwowanej. Na świecie procesowi temu poddaje się nie tylko znane w Polsce ogórki, kapustę czy buraki, ale też fasolę i zboża oraz ryby i mięso.

Proces fermentacji naturalnie konserwuje żywność, a w jego trakcie zwiększa się ilość witamin C i B oraz dobroczynnych bakterii z rodziny Lactobacillus. Na przykład w kapuście kiszonej jest blisko dwadzieścia razy więcej witaminy C niż w świeżej. A co najważniejsze, **produkty, które uległy procesowi fermentacji, mają mniej cukru, nie podnoszą poziomu glukozy we krwi i są bezpieczne w diecie diabetyka.**

Cukier... cichy zabójca czy chłopiec do bicia?

Cukier rafinowany z buraka cukrowego to produkt pierwszej potrzeby w każdej polskiej kuchni... niestety. Lekarze i naukowcy są zgodni co do tego, że jest on najgroźniejszą toksyną naszych czasów. Na dodatek pojawia się w każdym komercyjnym produkcie, który znajdziesz na sklepowej półce. To wierny kompan glutenu; znajdziesz tę parę wszędzie, od chleba i wypieków piekarniczych począwszy, po wędliny, jogurty, sosy i produkty light.

Biały cukier to w zasadzie czysty węglowodan, pozbawiony jakichkolwiek wartości odżywczych. Doprowadza do szybkich skoków glukozy we krwi, a co za tym idzie, do wysokich wyrzutów insuliny i nadmiernego odkładania się tkanki tłuszczowej. Według mnie to najgroźniejszy wróg naszego zdrowia, często ukryty tam, gdzie nawet się go nie spodziewamy. Kupując ciemny chleb, batony fit czy soki owocowe, możemy nie mieć świadomości, że te rzekomo zdrowe produkty są nafaszerowane cukrem w celu poprawy smaku i tekstury.

Pamiętajmy więc, że dieta z niskim indeksem glikemicznym wyklucza spożywanie produktów z tzw. półki dietetycznej czy light, gdzie często tłuszcz zastąpiony jest tonami cukru. Dlatego musimy nauczyć się czytać etykiety, żeby nie wpaść w pułapkę, a jeszcze bezpieczniej jest samodzielnie przygotowywać potrawy i wypieki, żeby mieć pewność, że nikt nas nie nabija w słodką butelkę. Biały cukier w dużym stopniu odpowiada za epidemię otyłości, cukrzycy oraz innych chorób cywilizacyjnych, w tym nowotworów, a jest to efekt naszej wygody: wybierania produktów komercyjnych zamiast samodzielnego przygotowywania posiłków w domu.

Od razu przestrzegam Was przed równie szkodliwymi dla zdrowia i mikrobiomu sztucznymi słodzikami typu aspartam, sukraloza czy sacharyna, zawartymi w produktach light i dietetycznych napojach. Badania opublikowane w 2013 roku przez „Trends in Endocrinology and Metabolism" (Swithers S.E., *Artificial sweeteners produce the counterintuitive effect of inducing metabolic derangements*, 2013 September; 24 (9):431-441) wyraźnie wskazują na skutki uboczne słodzików, takie jak schorzenia sercowo-naczyniowe, cukrzyca typu II, migreny. W pracy z moimi podopiecznymi z nadwagą codziennie widzę, jakie skutki wywołuje picie nadmiernych ilości napojów z tymi substancjami. Wzdęcia, nadmierne gazy czy biegunki to początek niszczenia dobrych bakterii, bez których jelita po prostu przestają z nami współpracować, co prowokuje rozwój chorób cywilizacyjnych.

W poradniku tym zaproponuję Wam **alternatywne desery pozbawione cukru** i jego pochodnych, zapoznając Was ze stewią, ksylitolem i erytrytolem, które mogą być sporadycznie stosowane w diecie z niskim IG bez znaczących reperkusji dla zdrowia.

Czym słodzić? Kontrowersyjny temat w cukrzycy

W razie problemów z poziomem glukozy we krwi na pewno należy unikać jak ognia cukru rafinowanego, ale także nadmiaru cukru owocowego (fruktozy). Czy to oznacza, że życie od dziś będzie gorzkie? Niekoniecznie. Otóż przy cukrzycy najbezpieczniej jest słodzić… alkoholem! Tak, cukrowym alkoholem. Chodzi tu o zdrowe zamienniki cukru, które raz na jakiś czas można zastosować do wypieku lub deseru.

Ksylitol to pierwszy z takich wynalazków, należący do grupy polioli cukier z fińskiej brzozy (uwaga na chińskie podróby z modyfikowanej kukurydzy!). W naturalnej postaci, oprócz kory brzozy, można go znaleźć w warzywach, grzybach czy takich owocach, jak jagody, maliny, truskawki, śliwki i gruszki.

Poliole to węglowodany, które są wolno metabolizowane, nie podnoszą więc gwałtownie poziomu glukozy we krwi i nie powodują dużych wyrzutów insuliny. IG ksylitolu wynosi ok. 8, jest on więc bezpiecznym dodatkiem w diecie osób z insulinoopornością, cukrzycą lub nietolerancją fruktozy. Dodatkową zaletą ksylitolu jest to, że odkwasza organizm, chroni zęby przed próchnicą oraz zapobiega rozwojowi drożdży i grzybów w układzie pokarmowym. Działa bakteriobójczo i wspomaga wchłanianie wapnia, dlatego jest składnikiem past „od pierwszego ząbka" dla niemowląt. W diecie dzieci poniżej drugiego roku życia nie jest jednak polecany, gdyż może powodować biegunki. Dorośli nie powinni przekraczać spożycia 2 łyżek dziennie.

Erytrytol to także alkohol cukrowy, ale ma sporą przewagę nad poprzednikiem, bo ma IG równe zero! Oznacza to, że w ogóle nie podnosi poziomu glukozy we krwi. Nie jest trawiony w organizmie, tylko wydalany z moczem w takiej postaci, w jakiej go spożywamy, nie powodując efektu przeczyszczającego. Pozyskiwany jest zwykle z gliceryny przy udziale drożdżaków zamieniających glukozę właśnie w erytrytol.

W naturze występuje w grzybach, owocach (gruszki, winogrona, melony) oraz owocach morza. Jest o ok. 30 procent mniej słodki niż cukier i z upływem czasu traci swoją słodycz, dlatego należy go przechowywać w szczelnie zamkniętym opakowaniu, aby nie wietrzał. Podobnie jak ksylitol chroni zęby przed powstawaniem płytki nazębnej. Kolejny paradoks zdrowego cukru :)

Stewia to według mnie jedna z najlepszych propozycji w diecie nie tylko cukrzyków czy ludzi insulinoopornych, ale każdego z nas. To pochodząca z Ameryki Południowej roślina o wyjątkowo słodkich liściach. Po pierwsze, jest słodzikiem całkowicie naturalnym, ma zero kalorii oraz zerowy IG. Jest kilkadziesiąt razy słodsza od cukru, ale niestety ma specyficzny posmak, który nie każdemu odpowiada.

Można jej używać do pieczenia i gotowania, bo jest rozpuszczalna w wodzie i odporna na temperaturę do 200°C. Nadaje się też do słodzenia kwaśnych potraw, bo jest stabilna zarówno w środowisku kwaśnym, jak i zasadowym. Nie ulega fermentacji, więc nie doprowadza do problemów jelitowych, a przy tym wspomaga walkę z próchnicą, podobnie jak dwa poprzednie słodzidła. Można jej używać do słodzenia napojów gorących (wtedy w formie suszonych liści) lub do potraw (w postaci płynnego wyciągu lub proszku).

W diecie z niskim indeksem należy unikać słodyczy, aby szybko uporać się z wahaniami glikemii. Kiedy więc osiągniemy już wymarzoną, zdrową wagę i opanujemy problem z glukozą, możemy raz na jakiś czas pozwolić sobie na odrobinę słodyczy z dodatkiem tych właśnie naturalnych słodzideł.

Natura na pomoc!

Zioła wspomagające stabilizację glikemii

Ponieważ osoby z cukrzycą czy insulinoopornością, a także z nadwagą często cierpią na schorzenia towarzyszące (nadciśnienie, wysoki poziom cholesterolu i trójglicerydów, wzdęcia, zgagi, zaparcia, biegunki, obrzęki), ich dieta powinna wspierać wyciszenie tych dolegliwości. Organizm pracuje jak system naczyń połączonych: jeśli jedno przecieka, obciąża to inne i problemy zaczynają narastać lawinowo. Oprócz diety warto włączyć do codziennego menu produkty pochodzenia naturalnego, które wspomogą odchudzanie, normalizację glikemii oraz polepszenie stanu zdrowia.

Pierwszym hitem wśród darów natury jest **ostropest plamisty**. W dzisiejszych czasach, kiedy powietrze i woda są zanieczyszczone, a my przejadamy się konserwowaną żywnością, nadużywamy leków oraz otaczającej nas chemii spożywczej i gospodarczej, to zioło powinno być w każdej domowej apteczce. Dzięki niemu mamy szansę utrzymać pracę wątroby na wysokich obrotach, a ten właśnie narząd, swoista oczyszczalnia ścieków organizmu, najbardziej cierpi wskutek rozwoju cywilizacyjnego dzisiejszego świata. Jej zadanie polega m.in. na filtrowaniu toksyn z pokarmu, tak aby szkodliwe produkty przemiany materii nie przedostały się do krwiobiegu. Jeśli szwankuje, to oprócz tego, że organizm zaczyna być powoli zatruwany, dodatkowo nie ma możliwości wchłaniania potrzebnych substancji z żywności, co doprowadza do niedożywienia. Dzięki wątrobie prawidłowo funkcjonują hormony oraz cały metabolizm.

Ponadto pamiętajmy o szczególnej roli tego narządu w trakcie diety redukcyjnej. Wynika ona z tego, że organizm gromadzi toksyny w tkance tłuszczowej. Kiedy się odchudzamy, zostają one uwolnione do krwi, a usunięcie ich z organizmu jest zadaniem wątroby. Bez wątroby po prostu nie da się żyć.

Aby wspomóc jej pracę, polecam wszystkim swoim pacjentom na diecie ostropest. Zioło to zawiera sylimarynę, kompleks flawonoliganów, które chronią miąższ wątroby i nerek przed szkodliwym działaniem toksyn oraz wspomagają regenerację komórek. Badania wskazują też, że ostropest działa antynowotworowo. Ponadto polecany jest w uszkodzeniach wątroby spowodowanych obciążeniem toksynami grzybiczymi, alkoholem oraz pestycydami. Zaleca się go podczas chemioterapii, w leczeniu wirusowego zapalenia wątroby (A, B, C), żółtaczce, ostrym zaniku wątroby, stłuszczeniu wątroby oraz problemach z woreczkiem żółciowym. Osobiście polecam też ostropest w razie wzdęć, niestrawności, zaparć i zgagi.

Ostropest wspiera walkę z wysokim poziomem cholesterolu i trójglicerydów, wspomaga regenerację i funkcjonowanie wątroby. Obniża także poziom cukru we krwi, wątroba bowiem odgrywa kluczową rolę w metabolizmie węglowodanów; to w niej glukoza zostaje przekształcona do glikogenu i w sytuacji zapotrzebowania stanowi zapas, który jest zamieniany w energię. Iniekcje insuliny w cukrzycy insulinozależnej bardzo obciążają wątrobę, dlatego prawidłowa dieta i wspomaganie się ostropestem mogą dać bardzo dobre wyniki już po miesiącu jej stosowania, dzięki czemu możemy zmniejszać konieczne dawki insuliny.

Warto zjadać łyżeczkę zmielonych nasion rano i wieczorem, popijając je szklanką ciepłej wody. Można także łyżeczkę zioła zalać wrzątkiem i zaparzyć, a potem pić napar – ten sposób najlepiej sprawdza się u osób, którym doskwierają wzdęcia, zaparcia i zgaga. Jeśli zaś mamy kłopoty jelitowe, biegunki czy zespół jelita drażliwego, polecam korzystać z oleju z ostropestu; jest delikatny dla jelit i wspaniale regeneruje błonę śluzową. Poleca się go też w problemach łuszczycowych. Najbezpieczniej korzystać jednak ze standaryzowanych (czyli w określanych dokładnie przez producenta ilościach) postaci ostropestu – kapsułek. Wtedy mamy pewność, że produkt jest czysty i przygotowany zgodnie z dobrą praktyką produkcyjną.

Kolejnym „must have" w opisywanych problemach jest **morwa biała** w postaci kapsułek standaryzowanych lub naparu z liści oraz suszonych lub świeżych owoców. Owoce morwy białej znam z dzieciństwa, kiedy gęsto pokrywały chodnik prowadzący do szkoły, którym w czasie wakacji biegaliśmy na boisko. Zawsze, zanim zjadłam jakiś owoc, pytałam rodziców, czy nie jest trujący, a morwa okazała się pyszniejsza niż cukierki. W czasach, kiedy słodycze były w niedoborze, mieliśmy wspaniały słodki substytut! Dziś wiem, że nieświadomie jedliśmy dzięki niemu ogromne ilości antyoksydantów. Fioletowy kolor owoców oznacza, że są bogate w najskuteczniejsze

Ostropest plamisty zawiera sylimarynę, kompleks flawonoliganów, które chronią miąższ wątroby i nerek przed szkodliwym działaniem toksyn oraz wspomagają regenerację komórek.

w naturze flawonoidy walczące z nowotworami i wolnymi rodnikami. Ponadto owocom tym przypisuje się działanie oczyszczające organizm, uodparniające, moczopędne i wspomagające trawienie.

Natura zawsze daje nam to, co najlepsze. Owoce te są idealne dla wrzodowców, gdyż działają łagodząco na żołądek i w odróżnieniu od innych słodkich odmian owoców nie powodują zgagi. Natomiast liście tego wspaniałego drzewa to roślinne lekarstwo na cukrzycę. Zawierają duże ilości witamin, flawonoidów i minerałów oraz aminokwasów egzogennych, a przy tym wspomagają obniżanie ciśnienia krwi. Dzięki obecności związków hamujących aktywność glikozydaz (obecnych w jelicie enzymów, rozkładających cukry złożone na proste) utrudniają wchłanianie węglowodanów, przez co wpływają na niższy wzrost poziomu glukozy we krwi po posiłku.

Możesz używać gotowych suplementów diety z morwy białej w postaci kapsułek czy tabletek, a także pić napar z liści. Nie jest to formalnie lek, ale wspomaga prawidłowo skomponowaną dietę i pozwala na wyrównanie glikemii oraz hamuje apetyt na słodycze.

Czystek, niepozorne ziółko, podobnie jak morwa jest skarbnicą polifenoli, wymiatających z organizmu wolne rodniki, które uszkadzają komórki i sprzyjają nowotworzeniu. Polifenole zmniejszają zlepianie się płytek, zapobiegają zawałowi i udarowi oraz odkładaniu się blaszki miażdżycowej, a także minimalizują ryzyko powikłań kardiologicznych u osób z zespołem metabolicznym. Są kilkadziesiąt razy skuteczniejsze niż drażetki z witaminą C oraz E. To sprawia, że czystek wspomaga walkę z infekcjami wirusowymi, grzybiczymi i bakteryjnymi, pomaga w walce z boreliozą i jest idealnym elementem profilaktyki antynowotworowej.

Picie czystka nie powoduje żadnych negatywnych skutków ubocznych, nawet u dzieci, za to daje szybkie efekty poprawy wyglądu skóry, likwiduje przebarwienia, niweluje przykry zapach z ust. Napar z czystka należy przyrządzić przez zalanie wrzątkiem łyżki ciętych liści i przykryć na 15 minut lub gotować przez 5 minut. Pić dwa razy dziennie.

Nieocenionym elementem omawianej diety jest też **babka płesznik** lub **jajowata** w postaci nasion lub łusek. Zawarte w nich śluzy pęcznieją pod wpływem wody w żołądku, zmiękczają masę kałową, wspomagając wypróżnianie, oraz powodują efekt sytości, hamując apetyt. Jest to wspaniałe źródło błonnika pokarmowego, usprawniającego pracę jelit, który oczyszcza je i usuwa toksyny z organizmu oraz, co najważniejsze dla nas, reguluje poziom cukru we krwi. Spożywanie nasion i łusek w postaci tzw. błonnika witalnego usuwa zaparcia, obniża ciśnienie tętnicze oraz wspomaga optymalizację poziomu cholesterolu i trójglicerydów we krwi. Zmniejsza ryzyko zachorowań na nowotwory oraz choroby serca, oczyszcza wątrobę i wpływa na usuwanie toksyn. Babka płesznik jest skuteczna podczas leczenia wrzodów i hemoroidów, a także łagodzi objawy łuszczycy i trądziku różowatego. Wspomaga florę bakteryjną, działa osłonowo i przeciwzapalnie.

W przypadku zaparć skuteczniejsze są nasiona, a w przypadku biegunek – łuski. Pamiętajmy, że spożywając obie formy, należy 1 łyżeczkę wymieszać z 1 szklanką ciepłej wody i dodatkowo popić kolejną porcją płynu.

Liście pokrzywy, podobnie jak w przypadku morwy, hamują wchłanianie węglowodanów w jelitach oraz wspomagają usuwanie obrzęków spowodowanych zatrzymaniem wody w organizmie. Ponadto napary z pokrzywy wspierają walkę z anemią i niwelują nadmierną ilość kwasu moczowego. Wspierają zdrowie układu moczowego, a także odpowiadają za polepszenie stanu włosów, skóry i paznokci. Polecam pić napary z pokrzywy średnio dwa razy dziennie.

Siemię lniane jest jednym z ważniejszych produktów w zdrowej diecie. Wybierając je, pamiętaj, aby pochodziło z Polski i dobrze, by posiadało certyfikat BIO. To gwarancja jakości i tego, że w pełni skorzystamy z jego zdrowotnych zalet. Nasiona lnu mają mnóstwo dobroczynnych właściwości, od wspomagania trawienia po regulację poziomu cukru we krwi. Zawierają cenne wielonienasyco-ne kwasy tłuszczowe omega- 3 o silnych właściwościach przeciwzapalnych (kwas alfalinolenowy), które trudno znaleźć w przyrodzie. Ponadto siemię zawiera błonnik w wersji rozpuszczalnej i nierozpuszczalnej, witaminy z grupy B, magnez, mangan, cynk, witaminę E oraz lecytynę. Jest to też bogate źródło przeciwnowotworowych antyoksydantów, należących do grupy lignanów, m.in. flawonoidów i fitoestrogenów. Dzięki cennym wartościom wspomaga obniżanie cholesterolu i stabilizuje poziom glukozy we krwi. Dzięki rozpuszczalnemu błonnikowi siemię ma zdolność zapobiegania odkładaniu blaszki miażdżycowej, wspomagając profilaktykę nadciśnienia, udaru i zawału.

Nasiona lnu, popite po spożyciu sporą ilością ciepłej wody, pęcznieją w żołądku, tworząc gęsty śluz, dzięki czemu dają uczucie sytości i spowalniają wchłanianie węglowodanów do krwi, toteż najlepiej przyjmować te ziarna przed posiłkiem. Ponadto niwelują zaparcia i wspomagają oczyszczanie jelit.

Siemię należy spożywać w postaci surowej. Po obróbce termicznej traci cenne kwasy tłuszczowe, które są bardzo wrażliwe na temperaturę, ulegając oksydacji. Najlepiej jest rozgnieść ziarna w moździerzu i posypać nimi gotową potrawę albo dodawać do past i koktajli. Można też zalać je wrzątkiem i pić w przypadku kłopotów trawiennych i zgagi. Warto spożywać 1 łyżeczkę siemienia dziennie.

Natka pietruszki jest bogatym źródłem witamin i minerałów, szczególnie żelaza i kwasu foliowego. Najbardziej pomocna jest przy niwelowaniu obrzęków. Warto dodawać ją do każdego dania, dorzucać do soków i koktajli oraz robić prosty, a skuteczny napar na obrzęki. W najprostszej wersji wystarczy wymyty pęczek natki wrzucić do szklanego dzbanka, zalać 1 litrem wrzątku i parzyć przez 10 minut, a następnie pić tę zielonkawą wodę po 500 ml dziennie. Drugi, wymagający

Liście pokrzywy hamują wchłanianie węglowodanów w jelitach oraz wspomagają usuwanie obrzęków spowodowanych zatrzymaniem wody w organizmie.

odrobinę więcej czasu sposób to zrobienie naparu gotowanego z korzenia i natki. W tym przypadku należy posiekany pęczek oraz obrany korzeń wrzucić do rondelka, zalać wodą i gotować przez 5 minut od momentu wrzenia. Zostawić do ostudzenia i pić po 350 ml dziennie. Taki napar likwiduje opuchliznę oraz cellulit, więc warto spróbować.

Zdrowe tłuszcze w zdrowej diecie

Czego używasz do smażenia? Oczywiście oleju roślinnego – to najczęstsza odpowiedź prawie każdej pani domu. Oleje roślinne są zdrowe, działają kardioprotekcyjnie, zapobiegają wysokiemu poziomowi cholesterolu i trójglicerydów oraz miażdżycy...

Czy na pewno? Okazuje się, że to nie jest takie oczywiste, jak mogłoby się wydawać. Aby olej roślinny spełniał wszystkie te zadania, musi charakteryzować się pewnymi właściwościami, w innym przypadku może wręcz szkodzić, nasilać stany zapalne oraz działać rakotwórczo. Cała tajemnica tkwi w zawartości kwasów tłuszczowych: rodzaju oraz proporcji, w jakiej występują. W oleju roślinnym znajdują się aż trzy rodzaje kwasów tłuszczowych.

Nasycone kwasy tłuszczowe, występujące m.in. w oleju z awokado, owiane są złą sławą, jednak musimy wiedzieć, że groźne są te pochodzenia zwierzęcego, wykazujące działanie prozapalne, pronowotworowe i promiażdżycowe.

Kwasy jednonienasycone, należące głównie do rodziny omega-9, występują w dużej obfitości w oliwie z oliwek, oleju z awokado czy oleju rzepakowym, rybach oraz mięsie. Mają działanie przeciwmiażdżycowe.

Niezbędne kwasy wielonienasycone nie są wytwarzane w organizmie, zatem musimy pobierać je z pożywieniem (stąd słowo „niezbędne" w ich nazwie). Zaliczamy do nich kwasy omega-3 i omega-6. I tu zaczyna się istotna kwestia decydująca o zdrowotności danego oleju – ilość kwasu omega-3 oraz proporcja omega-6 do omega-3, która według ostatnich ustaleń w idealnej sytuacji powinna wynosić 4:1 w diecie. Niestety w związku z tym, że na co dzień w naszej diecie dominują kwasy omega-6 (znajdują się w rafinowanych olejach roślinnych, margarynach, komercyjnych wypiekach cukierniczych i piekarniczych, słodyczach, wyrobach garmażeryjnych, a nawet w odżywkach dla niemowląt), proporcja ta jest często zachwiana, co przyczynia się do wielu stanów patologicznych: zakrzepicy, miażdżycy, nasilenia ogólnego stanu zapalnego, a nawet nowotworów. Nadmiar kwasów omega-6 w diecie hamuje przekształcanie kwasów omega-3 (głównie linolenowego), w związku z czym blokuje ich biodostępność.

Co zatem zrobić, aby sobie nie szkodzić? Jak wybrać olej roślinny, aby nie obfitował w prozapalne kwasy omega-6? Powszechnie stosowane w naszej kuchni oleje – słonecznikowy, kukurydziany, z pestek winogron, dostępne często w formie rafinowanej, w plastikowych przezroczystych butelkach – to tylko tłuszcz do smażenia, bez żadnej wartości zdrowotnej. Co więcej, stosunek kwasów omega-6 do omega-3 wynosi w nich odpowiednio 335:1, 141:1 oraz 173:1. Stwarza to zagrożenie alergiami i chorobami układu sercowo-naczyniowego oraz nowotworami. Kolejnym problemem jest wyjątkowa podatność kwasu omega-6 linolowego na utlenianie. W porównaniu do kwasów tłuszczowych obecnych w tłuszczach zwierzęcych czy oleju kokosowym, kwas linolowy utlenia się sto razy szybciej. W związku z tym podczas spożywania produktów bogatych w kwasy omega-6 wzrasta zapotrzebowanie na antyoksydanty, zawarte m.in. w świeżych owocach, warzywach czy dobrej jakości czerwonym winie. Ponadto powinniśmy zadbać o podaż kwasów omega-3 w postaci ryb i owoców morza, żeby zrównoważyć negatywny stosunek omega-6 do omega-3 i zapewnić odpowiednią ochronę antyoksydacyjną.

Jednak największe zagrożenie niesie ze sobą **obróbka termiczna olejów rafinowanych**, takich jak słonecznikowy, sojowy czy z pestek winogron. Wysoka temperatura drastycznie przyspiesza proces utleniania zawartych w nich kwasów tłuszczowych. Pierwotnymi produktami utleniania są wodoronadtlenki i nadtlenki (wolne rodniki), metabolizowane i neutralizowane przez zdrową florę bakteryjną jelit. Największe zagrożenie stanowią wtórne produkty oksydacji – aldehydy, ketony, kwasy, węglowodory powstające z pierwotnych produktów utleniania. Wykazują wysoką aktywność biologiczną, uszkadzając błony komórkowe i struktury wewnątrzkomórkowe, działają aterogennie (powodują zmiany miażdżycowe w naczyniach krwionośnych) i cytotoksycznie. Wywołują zaburzenia żołądkowo-jelitowe oraz wykazują działanie mutagenne. Wpływają też na spadek jakości odżywczej białka, które ulega obróbce termicznej na takim oleju. Ponieważ są dobrze wchłanianie z przewodu pokarmowego, mogą powodować uszkodzenia i dysfunkcje narządów wewnętrznych.

Jakie tłuszcze nadają się do smażenia, a których warto używać tylko na zimno jako dodatek do warzyw, tak by skorzystać z dobrodziejstwa i prozdrowotnego działania kwasów omega-3? Do smażenia nadają się tłuszcze o wysokiej temperaturze dymienia (czyli takiej, w której produkt zaczyna się palić, wydzielając substancje rakotwórcze), gdyż nie palą się na patelni i są stabilne oksydacyjnie (nie ulegają utlenianiu). Najbardziej odporne na działanie wysokiej temperatury są tłuszcze nasycone. Zaliczamy do nich masło klarowane, tłuszcz gęsi czy olej kokosowy. Do krótkiego przesmażania nadają się też oliwa z oliwek extra virgin, olej ryżowy oraz nierafinowany olej rzepakowy z pierwszego tłoczenia.

Olej kokosowy to w naszej kulturze stosunkowo nowy nabytek, za to od wieków znany w krajach azjatyckich. Wybierajmy zawsze olej nierafinowany extra virgin, bo zawiera pełen zestaw kwasów tłuszczowych oraz wykazuje właściwości antybakteryjne, przeciwgrzybicze i antyseptyczne, a także korzystnie wspomaga wzrost dobroczynnej flory bakteryjnej. Mimo że olej z kokosa składa się aż w 90 procentach z kwasów tłuszczowych nasyconych, dzięki obecności 44 procent kwasu laurynowego nie zwiększa poziomu cholesterolu we krwi i nie „zatyka tętnic", tylko wykazuje działanie przeciwzapalne. Aby zwiększyć jego potencjał kardioprotekcyjny, warto łączyć go z oliwą extra virgin, zawierającą dobroczynne kwasy omega-3. Smażenie na takiej mieszance jest bezpieczne również dlatego, że ma ona wysoką temperaturę dymienia.

Masło klarowane to kolejny tłuszcz, który nie stanowi zagrożenia dla zdrowia. Świeże masło pali się już w temperaturze 170°C, więc bezpiecznie możemy na nim usmażyć najwyżej jajecznicę. Masło klarowane jest pozbawione laktozy i kazeiny, a jego temperatura dymienia wynosi 250°C, dlatego idealnie nadaje się ono do smażenia nawet na głębokim tłuszczu, oczywiście jeden raz. Podobne właściwości wykazuje **smalec gęsi**.

Olej ryżowy należy do tłuszczów jednonienasyconych, jednak zachowuje stabilność w wysokich temperaturach. Jego punkt dymienia to 230°C.

Oliwa extra virgin (z pierwszego tłoczenia) ma temperaturę dymienia na poziomie 170–210°C, toteż nadaje się do szybkiego obsmażania czy duszenia warzyw. Aby obniżyć temperaturę podczas smażenia, warto na patelnię wlać roztwór wodno-olejowy (najpierw wlać wodę, potem oliwę). Sprawi to, że temperatura się nie podniesie, i przygotowane warzywa czy mięso będą sporządzone w sposób bezpieczny. Jednak oliwa jest najzdrowsza wtedy, kiedy dodajemy ją do potraw bez podgrzewania. Stosunek kwasów omega-6 do omega-3 wynosi w niej 18:1.

Olej rzepakowy tłoczony na zimno to także dobry tłuszcz do krótkiego przesmażania pod warunkiem niedopuszczenia do przegrzania na patelni. Jest bogaty w kwasy omega-3 (w dobrym stosunku 2:1), jednak należy pamiętać, aby wybierać tylko olej nierafinowany. Olej rzepakowy ma skład zbliżony do oliwy, jednocześnie jest od niej o wiele tańszy i jest naszym rodzimym produktem. Kontrowersje budzi sposób uprawy rzepaku przez nieuczciwych producentów, obfite stosowanie herbicydów oraz suszenie roślin za pomocą nielegalnego preparatu zawierającego glifosad, oskarżany o powodowanie wielu schorzeń oraz dysfunkcji flory jelitowej. Jeśli więc rzepak, to tylko z upraw ekologicznych, w ciemnych szklanych butelkach, z krótkim terminem przydatności do spożycia (około pięciu miesięcy). Idealny do potraw na zimno!

Rafinacja oleju to proces pozbawiania go zanieczyszczeń, w tym metali ciężkich, ale niestety również cennych składników odżywczych i kwasów tłuszczowych. Tłuszcz otrzymany w wyniku ekstrahowania w wysokiej temperaturze za pomocą rozpuszczalników chemicznych nie ma

Olej kokosowy nierafinowany extra virgin zawiera pełen zestaw kwasów tłuszczowych oraz wykazuje właściwości antybakteryjne, przeciwgrzybicze i antyseptyczne.

cennych wartości dla zdrowia, a może wręcz zawierać toksyczne tłuszcze trans, powstające podczas obróbki oleju w temperaturze powyżej 160°C. Oleje sprzedawane w przezroczystych plastikowych butelkach mogą też posiadać groźne związki zwane ksenoestrogenami, mające zdolność wchodzenia w interakcję z układem hormonalnym oraz indukowania zmian nowotworowych.

Oleje rafinowane powinny być usunięte z naszej kuchni bezpowrotnie! Ponadto powinniśmy ograniczyć smażenie na korzyść szybkiej obróbki termicznej, najlepiej duszenia z dodatkiem wody lub bulionu.

Ważne! Kupujmy oleje nierafinowane, z krótkim okresem przydatności do spożycia, w szklanych ciemnych butelkach i przechowujmy je w lodówce, bo kwasy omega-3 są wrażliwe na ciepło i szybko ulegają rozpadowi!

Nie można jednak zapomnieć, że oleje roślinne mają cenne działanie, jeśli są używane w formie naturalnej, czyli na zimno.

Olej lniany wiedzie prym wśród olejów o działaniu prozdrowotnym. Używany w diecie dr Budwig, wykazuje działanie antynowotworowe oraz przeciwzapalne. Ma zbliżony do ideału stosunek omega-6 do omega-3, który wynosi 0,7:1. Tłoczony na zimno (w temperaturze nie przekraczającej 50°C) z nasion lnu i nieoczyszczony ma żółte zabarwienie i lekko orzechowy smak; zachowuje swoje naturalne struktury i właściwości biologiczne. Dzięki zawartości związków bioaktywnych (głównie nienasyconych kwasów tłuszczowych oraz lignanów) wykazuje właściwości lecznicze. Musi być przechowywany w lodówce w temperaturze 4–10°C, w ciemnej szklanej butelce. Okres przydatności do spożycia wynoszący 2–3 miesiące świadczy o dobrej jakości produktu. Oleju lnianego używamy wyłącznie na zimno, jako dodatku.

Olej rydzowy – polski, toczony na zimno z lnianki siewnej – zawiera aż 90 procent nienasyconych kwasów tłuszczowych, w tym 54 procent omega-3 i omega-6 w stosunku 2:1. Jest bogaty w naturalny antyoksydant, witaminę E, przez co jego termin przydatności jest dość długi, około pół roku. Ma lekko korzenny posmak z nutą cebuli i gorczycy, idealny do sałatek i warzyw.

Olej z czarnuszki siewnej to produkt, który warto poznać ze względu na cenne właściwości zdrowotne. Otrzymywany w procesie pierwszego tłoczenia na zimno ma barwę brązową i korzenny aromat. Idealny do sałatek, zup, warzyw. Zawiera 85 procent kwasów tłuszczowych nienasyconych, olejek lotny (którego głównym aktywnym składnikiem jest tymochinon), białko, alkaloidy, flawonoidy, saponiny. Działa przeciwcukrzycowo, przeciwbólowo i przeciwgorączkowo; tłumi stany zapalne i neutralizuje wolne rodniki. Hamuje powstawanie wrzodów żołądka oraz wykazuje działanie cytoprotekcyjne (m.in. na miąższ wątroby i nerek). Ochrania narządy przed szkodliwym wpływem ksenobiotyków, zwiększa diurezę (czyli wspomaga usuwanie wody z organizmu i przesączanie płynu przez nerki), oczyszcza organizm z toksyn oraz przywraca prawidłowy poziom markerów stresu oksydacyjnego. Obniża ciśnienie krwi. Wykazuje także właściwości przeciwbakteryjne, przeciwgrzybicze, przeciwwirusowe i przeciwrobacze. Zmniejsza nasilenie ataków astmy oraz alergii i łuszczycy. Ma działanie przeciwnowotworowe.

Olej konopny charakteryzuje się wysoką zawartością nienasyconych kwasów tłuszczowych, dlatego nie może być poddawany obróbce cieplnej. Należy go przechowywać w ciemnej szklanej butelce w niskiej temperaturze. Nierafinowany olej konopny ma zielonkawy kolor oraz lekko orzechowy smak. Idealnie nadaje się do sałatek i dressingów oraz pieczonych warzyw. Stanowi bogactwo kwasów omega-3, witamin A, C, E, K i B, minerałów (cynku, wapnia, magnezu) oraz przeciwutleniaczy i fitosteroli, a ponadto zawiera niezbędne aminokwasy egzogenne. Wspomaga pracę serca, obniża ciśnienie tętnicze oraz poziom trójglicerydów, wspomaga pracę naczyń krwionośnych. Wykazuje działanie przeciwzapalne i przeciwbólowe. Dzięki obecności witaminy K bierze udział w formowaniu tkanki kostnej. Wspiera układ immunologiczny, zmniejsza stany zapalne stawów oraz niweluje napięcie przedmiesiączkowe.

Olej z awokado, tłoczony na zimno i nierafinowany, zawiera kwasy tłuszczowe: oleinowy, linolowy, palmitynowy, stearynowy i linolenowy, a także zestaw witamin (A, B, D, E, H, K, PP) oraz cenne minerały (żelazo, mangan, fosfor, magnez, potas, cynk, sód), fitosterole, lecytynę, skwalen i duże ilości chlorofilu. Jest bogaty w kwasy omega-9, regulujące poziom „złego" cholesterolu. Wspomaga pracę wątroby, serca i mózgu. Jego orzechowy smak powinien jak najczęściej gościć w naszych potrawach.

Życzę wszystkim, aby w domowej apteczce znajdowały się tylko takie leki, jak wymienione oleje!

Olej z awokado jest bogaty w kwasy omega-9, regulujące poziom „złego" cholesterolu.

Planuj, szanuj, nie marnuj!

W naszym kraju konsumenci wyrzucają rocznie wiele ton żywności. Dlaczego tak się dzieje? Jesteśmy zabiegani, a do tego podatni na wszelkiego rodzaju promocje i okazje. Wpadamy do sklepu po zakupy bez przygotowania i wracamy do domu z produktami, z których przynajmniej połowy w zasadzie nie potrzebujemy. Dajemy się skusić darmową degustacją, podwójnym dużym opakowaniem czy wyprzedażą, nie mając w zasadzie kontroli nad tym, co przypadkowo, pod wpływem impulsu ląduje w naszym koszyku.

Jeśli chodzi o mnie, mam pewne zasady dotyczące marnotrawstwa i wyrzucania. O ile z łatwością pozbywam się nienoszonych ubrań, oddając je potrzebującym, czy wyrzucam poobijane naczynia kuchenne, zamiast je kolekcjonować, o tyle nie znoszę, a wręcz boli mnie wyrzucanie… książek i jedzenia. Nie wyobrażam sobie włożenia do śmietnika jakiejkolwiek książki, a jak widzę, że ludzie wyrzucają reklamówki pełne jedzenia, to serce mi się kraje. Nie wiem, dlaczego tak mam; nigdy w naszym domu nie brakowało żywności, a czasy, w których się wychowałam, były naprawdę w miarę obfite w pożywienie. Niemniej wszystkie większe imprezy, jakie zapamiętałam z dzieciństwa, typu podlaskie wesele czy komunie, na których stoły uginały się od różnorodnych potraw, wprawiały mnie w osłupienie i uczucie żalu. Wiadomo było, że ludzie tego wszystkiego nie zjedzą, więc wyrzucą. U mnie w lodówce zawsze raczej jest światło niż tłok; wolimy pójść kilka razy do sklepu i kupić mniej, zamiast gromadzić zapasy i wyrzucać przeterminowane produkty. Do sklepu chodzimy z listą zakupów raz w tygodniu i nie wydajemy kroci na jedzenie.

Z nadmiarem jedzenia i przesytem nim spotkałam się też w Belgii, pracując kiedyś podczas wakacji jako babysitterka. Mieszkańcy okolicznych miasteczek jeździli na zakupy raz na tydzień, a w ich garażach były minimagazyny: zgrzewki mleka, jogurtów, słodyczy, soków czy słoików z nutellą. Z jednej strony mieli wszystko pod ręką, z drugiej jedli to w szybszym tempie i więcej, niż potrzebowali. Ja nie magazynuję w domu zapasów, nie trzymam w szafkach słodyczy na wypadek, gdyby wpadli znajomi. Żyjemy w świecie, w którym o każdej porze dnia i nocy mamy dostęp do jedzenia. Po co robić zapasy? Po to, żeby się przeterminowały i żeby je wyrzucić? To bez sensu i ze szkodą dla świata! Są kraje, gdzie ludzie głodują, a my mamy nadmiar, który marnotrawimy.

Przedstawiam Wam moje zasady:

- Robimy zakupy raz w tygodniu – zgodnie z listą zakupów i planem, co ugotujemy w kolejne dni.
- Nie chodzimy do sklepu głodni, żeby nie dać się skusić na pachnące bułeczki z ciasta francuskiego czy czosnkowe bagietki. Nie przez pomyłkę są one ulokowane na samym początku sklepu! Spece od marketingu wiedzą, jak nas zachęcić...
- Nie kupujemy na zapas, szczególnie słodyczy.
- Latem i wiosną wybieramy świeże warzywa i owoce, a zimą warzywa korzeniowe, mrożonki i kiszonki. Warzywa importowane są zimą droższe i silnie konserwowane, przez co nieszczególnie dobre dla zdrowia.
- Przechowujemy w lodówce produkty spożywcze na odpowiednich półkach i w odpowiednich warunkach (w pojemniczkach, woreczkach czy papierze), by jak najbardziej przedłużyć ich świeżość.
- Produkty sypkie – przyprawy, kasze, płatki – przesypujemy do specjalnych pojemników, by nie wietrzały i żeby nie rozwijały się w nich bakterie, mole i pleśnie (blee)... To produkty niekonserwowane, które są bardziej narażone na tego typu mieszkańców.
- Nie kupujemy produktów w metalowych puszkach.
- Nie kupujemy produktów z długą datą przydatności oraz konserwantami typu azotyny, azotany, nitrozaminy, benzoesany, sorbiniany. Jeśli nie zużyjemy w całości jakiegoś produktu świeżego, natychmiast go mrozimy. Postępujemy tak z pokrojonymi owocami, warzywami, poporcjowanym mięsem czy ziołami lub mlekiem kokosowym. Dzięki temu nie psują się i są zdatne do późniejszego spożycia.
- Jeśli zostają nam jakieś produkty, których termin przydatności zbliża się do końca, natychmiast robimy z nich tzw. zupy śmieciówki czy sałatki „na winie" – czyli wrzucamy do nich, co się pod rękę nawinie :) W ten sposób powstają ciekawe przepisy, na przykład pomysł na zupę kalafiorowo--ogórkową (zostały nam cztery ogórki kiszone i mrożonka zupy kalafiorowej) czy zupa ze szpinaku i pieczarek, dziwne połączenie, które okazało się pyszne.
- Na zapas kupujemy jedynie drogie produkty (np. mleko kokosowe czy komosę ryżową lub glony do sushi), kiedy trafi się atrakcyjna oferta albo opakowanie zbiorcze w dobrej cenie. Ze względu na swoje właściwości produkty te mają długą datę przydatności, więc przy okazji promocji kupujemy je w większej ilości, bo i tak używamy ich na co dzień. Zwykle mamy pod ręką kilka puszek mleka kokosowego, które jest idealnym dodatkiem do szybkich zup i sosów, czy płaty nori na szybkie sushi na nieoczekiwaną imprezę.

- Kupujemy z głową i szanujemy jedzenie! Zanim cokolwiek włożymy do koszyka, zastanawiamy się, czy jest nam to naprawdę niezbędne. Kupujemy produkty lepszej jakości w małych ilościach zamiast masy śmieciowego pożywienia. Dzięki temu nie wydajemy pieniędzy na zbędne produkty, więc w sumie oszczędzamy. Zdrowa i dobrze przemyślana dieta nie musi być droga!

Oczywiście każdy z Was sam zdecyduje, jak postąpi!

Jedz sezonowo i lokalnie, jedz po polsku!

Często słyszymy o zdrowych dietach typu śródziemnomorska, kopenhaska, South Beach... Ale chwila, nie mieszkamy w Kopenhadze, Grecji ani na Wyspach Kanaryjskich, więc dlaczego tamte diety mają być dla nas odpowiednie? Nasz kraj obfituje w naprawdę dobre i zdrowe produkty. Wystarczy tylko poszukać, popytać i wybierać to, co nieprzetworzone. Warto rozejrzeć się za wiejskimi jajkami, mięsem ze zwierząt hodowanych w nieprzemysłowym gospodarstwie, lokalnie uprawianymi owocami czy warzywami.

Każdy rejon w Polsce charakteryzuje się jakimiś wyjątkowymi produktami, które warto znać i wykorzystywać. Często są to produkty niedrogie i naturalne, np. jabłka z okolic Łowicza czy Dmosina, papryka z zagłębia warzyw w Potworowie czy dobrej jakości sery z Korycina. Nie szukajmy na siłę modnych produktów, które po pierwsze, są nieadekwatnie drogie, a po drugie, niekoniecznie lepsze niż nasze rodzime odpowiedniki. Zamiast nasion chia jedzmy siemię lniane, zamiast owoców goji – suszone aronie czy jagody, a do sałatki zamiast oliwy wlejmy olej lniany. Naturalne jedzenie nie musi być drogie, trzeba tylko chcieć je zdobyć i na jego bazie gotować na co dzień.

W diecie z niskim IG jest oczywiście kilka produktów szczególnie godnych uwagi, na przykład bataty, komosa ryżowa czy gęste mleko kokosowe. Takie produkty kupuj wtedy, kiedy akurat mają

Naturalne jedzenie
nie musi być drogie!

dobrą cenę, a w przypadku warzyw – kiedy jest na nie sezon. Jednocześnie w moich przepisach zawsze znajdziesz przy nich nasze, polskie zamienniki. Udowodnię Ci, że nawet potrawy o egzotycznych nazwach można zrobić, bazując na rodzimych produktach.

Drugą ważną sprawą jest sezonowość. Kupowanie świeżego kalafiora w środku zimy grozi nie tylko obciążeniem portfela, ale także żołądka ze względu na to, że aby warzywo przybyło do nas świeże, musi być pełne silnych środków konserwujących. **Świeże warzywa i owoce kupujmy latem, wiosną i jesienią. Zimą bazujmy na mrożonkach i kiszonkach, często zapominanych, a jakże zdrowych.**

Zmobilizujmy się także, aby robić latem przetwory: pomidory czy fasolkę szparagową w naturalnej zalewie oraz kiszonki i domowe mrożonki. Nasze, polskie letnie truskawki, rozmrożone zimą, są naprawdę sto razy zdrowsze niż świeże hiszpańskie czy holenderskie owoce, kupione w środku stycznia.

Pamiętajmy też, że żyjąc w określonym klimacie, organizm przystosowuje się do niego także pod kątem trawienia i przyswajania składników odżywczych z roślin rosnących w tym klimacie. Dlatego nie rujnujmy swojego budżetu, kupując zimą ananasy, arbuzy czy melony, tylko sięgnijmy do zamrażarek po tradycyjne polskie owoce leśne lub nasze, przechowane w piwnicach jabłka czy gruszki. Hodujmy też na parapecie kiełki, rzeżuchę i zioła, choć nie dajmy się zwariować ekofanatyzmowi. Wybierajmy sezonowe i lokalne, polskie produkty, na których bazie zrobimy samodzielnie szybkie i zdrowe posiłki. Omijajmy zaś szerokim łukiem produkty gotowe, z masą sztucznych dodatków i ulepszaczy, bo to właśnie one są przyczyną istotną problemów zdrowotnych dzisiejszego świata.

Zasady diety normalizującej poziom glukozy i insuliny

Zawarte w tym poradniku przepisy zostały skomponowane tak, aby służyły osobom, które zmagają się z nadmiarem cukru we krwi, wahaniami insuliny oraz problemami metabolicznymi. Można je wykorzystać w dwóch celach:

- aby ustabilizować wagę i zapewnić zdrowe posiłki całej rodzinie;
- aby zredukować wagę.

Zasady komponowania posiłków w celu STABILIZACJI WAGI

ŚNIADANIE = warzywa 300 g + nabiał/ryba/mięso 100 g + ciemne pieczywo (razowe, pełnoziarniste) ok. 80 g (lub kasze/płatki wielozbożowe) + nabiał (jogurt, kefir, mleko roślinne) 300 ml

DRUGIE ŚNIADANIE = świeże owoce z niskim IG 250 g + jogurt naturalny 250 ml + otręby, nasiona, orzechy, pestki dyni i słonecznika 1–2 łyżki lub sałatki warzywne/omlety

OBIAD = mięso/ryba/nabiał 150–200 g + warzywa + węglowodany złożone (kasze, ryż brązowy, makaron razowy, soczewica, ciecierzyca) 50–100 g

PODWIECZOREK = jogurty, kefiry, maślanki + dodatki na bazie błonnika, otręby, sałatki warzywne

Jogurty naturalne, biojogurty i inne fermentowane produkty mleczne zawierają probiotyki, usprawniające pracę jelit. Dodatek błonnika (prebiotyku) to pożywka dla probiotyków, aby prawidłowo pełniły swoje funkcje oczyszczające i usprawniające trawienie.

KOLACJA = warzywa + mięso/ryba/nabiał 50 g + węglowodany (nasiona ciecierzycy, soczewicy, kasze) ok. 50 g

Najważniejsze, żeby kolacja nie była jedzona później niż trzy godziny przed snem. Powinna być pozbawiona pieczywa i składników wykluczonych, a także owoców (na noc), bo nadmiar cukrów prostych niepotrzebnie pobudza apetyt.

Instrukcja obsługi diety w wersji stabilizacyjnej:

- Unikaj słodkich śniadań, szczególnie jeśli masz wysoki poziom cukru i insuliny na czczo.
- Jedz 4–5 posiłków dziennie, zgodnie ze swoim zapotrzebowaniem.
- Owoce łącz z orzechami oraz błonnikiem w formie otrąb i płatków.

- Dodawaj do obiadu 50–100 g węglowodanów złożonych (kasze, makarony razowe, ryżowe, nasiona strączkowe). Na kolację zmniejsz podaż węglowodanów złożonych o połowę w stosunku do obiadu, zwiększając za to ilość warzyw.
- Wypijaj półtora litra wody i herbat ziołowych (z czystka, morwy białej, pokrzywy, suszonej natki pietruszki).
- Raz w tygodniu możesz skusić się na deser :)

Zasady komponowania posiłków w celu REDUKCJI WAGI

ŚNIADANIE = warzywa 300 g + nabiał/ryba/mięso 100 g + ciemne pieczywo (razowe, pełnoziarniste) 80 g (lub kasze/płatki wielozbożowe) + nabiał/jogurt/kefir/mleko roślinne

DRUGIE ŚNIADANIE/PODWIECZOREK = świeże owoce z niskim IG 250 g + jogurt naturalny 250 ml + otręby, nasiona orzechy, pestki dyni i słonecznika 1–2 łyżki lub proponowane w przepisach sałatki warzywne/omlety

OBIAD = mięso/ryba/nabiał 150–200 g + warzywa + węglowodany złożone w postaci różnego rodzaju kaszy z niskim IG 50 g, ale tylko 3 razy w tygodniu!

KOLACJA = warzywa + mięso/ryba/nabiał

Najważniejsze, żeby kolacja nie była jedzona później niż trzy godziny przed snem. Powinna być pozbawiona pieczywa i składników wykluczonych, a także owoców (na noc), bo nadmiar cukrów prostych niepotrzebnie pobudzałby apetyt.

Instrukcja obsługi diety w wersji redukcyjnej:

- Unikaj słodkich śniadań, szczególnie jeśli masz wysoki poziom cukru i insuliny na czczo.
- Jedz cztery posiłki dziennie. Samodzielnie zdecyduj, który z pięciu klasycznych pominąć (proponuję drugie śniadanie lub podwieczorek).

- Zawsze łącz owoce z orzechami oraz błonnikiem w formie otrąb i płatków.
- Dodawaj do obiadu 50–100 g węglowodanów złożonych (kasze, makarony razowe, ryżowe, nasiona strączkowe), ale tylko trzy razy tygodniu. Najłatwiej będzie, jeśli z proponowanych przepisów będziesz wybierać te z kaszą w trzy wybrane dni. W pozostałe dni łącz z warzywami białko (rybę, mięso, tofu, nasiona strączkowe).
- Zwiększ ilość warzyw jedzonych na kolację, a unikaj wtedy pieczywa i innych produktów węglowodanowych.
- Wypijaj półtora litra wody i herbat ziołowych (z czystka, morwy białej, pokrzywy, suszonej natki pietruszki).

Przed Wami szybka kuchnia, ale w stylu slow food :)

Przydatne akcesoria kuchenne

Aby ułatwić sobie gotowanie, warto mieć w kuchni parę wygodnych sprzętów. Należą do nich:
- malakser z funkcją rozdrabniania do mielenia nasion i płatków na mąkę, do szatkowania warzyw, do mielenia past oraz szybkiego robienia sosów do sałatek;
- szybkowar do robienia domowych wędlin;
- patelnia z powłoką ceramiczną, aby gotować szybko i zdrowo, bez straty witamin;
- patelnia grillowa, aby szybko przygotowywać mięsa i warzywa;
- obieraczka do warzyw, aby robić „makaron" warzywny;
- parowar lub nakładka na garnek do gotowania na parze, aby przygotowywać warzywa o dużej wartości odżywczej i z niskim indeksem glikemicznym.

PRZEPISY IG

Propozycje śniadań

Przepisy na pieczywo

Jakość pieczywa stanowi w dzisiejszych czasach jeden z największych problemów, szczególnie w diecie z niskim IG. Piekarze i producenci rzadko bowiem zwracają uwagę na skład pieczywa i jego jakość. Najważniejsze dla sprzedaży są smak i chrupkość. Wiemy jednak, że napompowane, wypieczone i chrupiące bochenki podbarwione na brązowo nie mają nic wspólnego ze zdrowiem. Do chlebów często dodawane są spulchniacze oraz zagęstniki. Najgorszy jednak, z perspektywy indeksu glikemicznego jest dodatek, tworzący kolor pieczywa – sztuczny brąz, za który odpowiedzialny jest karmel, cukier lub inny słód czy syrop glukozowo-fruktozowy. To tak, jakby jeść chleb posypany cukrem.

Chleb powinien tradycyjnie zawierać mąkę, najlepiej żytnią pełnoziarnistą, oraz wodę, sól i zakwas. Każdy inny składnik działa na naszą niekorzyść. Kupuj więc chleb w sprawdzonych piekarniach, w których możesz zapytać o jego skład, lub samodzielnie piecz, do czego gorąco namawiam.

Chleb gryczany z czarnuszką (ok. 15–20 kromek)

- 500 g płatków gryczanych
- 100g (½ szklanki) mąki owsianej lub zmielonych drobno płatków owsianych/gryczanych
- 100 g (½ szklanki) mielonego siemienia lnianego
- 3 łyżki łupiny babki jajowatej
- 700 ml mleka ryżowego lub wody
- 1 łyżeczka soli himalajskiej
- 50 g (5 łyżek) wymieszanych nasion dyni, słonecznika, siemienia lnianego
- 1 łyżka czarnuszki lub innych ulubionych nasion do posypania
- 1 łyżka płatków owsianych do posypania
- 3 duże łyżki gęstego oleju kokosowego

Podgrzej (nie gotuj) mleko lub wodę. Wsyp wszystkie suche składniki (oprócz mąki owsianej) do miski i zalej ciepłym płynem. Odstaw na chwilę lub na 30 minut. Następnie dodaj do masy mąkę owsianą oraz olej kokosowy i dokładnie wymieszaj.

Wyłóż keksówkę, papierem do pieczenia. Przełóż ciasto do formy, posyp czarnuszką i płatkami owsianymi.

Wstaw blaszkę do piekarnika nagrzanego do 180°C i piecz ok. 45 minut.

Pokrój po całkowitym ostudzeniu.

Chrupkie pieczywo z czosnkiem (ok. 15–20 kromek)

- ½ szklanki płatków owsianych lub gryczanych
- 3 łyżki pestek dyni
- 3 łyżki nasion słonecznika
- 3 łyżki nasion siemienia
- 3 łyżki nasion sezamu
- 3 łyżki mąki żytniej
- szczypta soli himalajskiej
- 1 łyżeczka czosnku niedźwiedziego
- 1 niepełna szklanka wody

Wszystkie składniki wsyp do miski i zalej wodą. Odstaw na 20 minut. Następnie porządnie wymieszaj, aby powstała jednolita masa, zrób z niej kulę i przełóż na blachę wyłożoną papierem do pieczenia. Rozwałkuj równomiernie na grubość ok. 0,5 cm.

Wstaw do piekarnika nagrzanego do 160°C i piecz ok. 35 minut.

Po upieczeniu pokrój na mniejsze kawałki.

Chleb żytni na zakwasie z czarnuszką/kminkiem (ok. 15–20 kromek)

zakwas

- ½ szklanki (100 g) mąki żytniej razowej
- ½ szklanki wody mineralnej w temperaturze pokojowej

Dzień 1.

Zrób zaczyn: wymieszaj wodę z mąką i wlej do czystego litrowego słoika. Przykryj słój gazą i zabezpiecz ją gumką, aby nie spadła.

Ustaw słoik w cieple (np. przy kaloryferze lub latem na parapecie, ewentualnie owiń ręcznikiem).

Dzień 2.

Dokarm zaczyn: do słoika dolej 100 ml wody i dosyp 100 g razowej mąki żytniej.

Ponownie odstaw na całą noc w ciepłe miejsce.

Dzień 3.

Ponownie dokarm zaczyn: do słoika dodaj 50 g razowej mąki żytniej i wlej 30 ml ciepłej wody.

Odstaw zakwas na dobę w ciepłe miejsce.

Dzień 4.

Zakwas jest gotowy! Jeśli pieczesz chleb, dodaj go do ciasta.

Jeśli pieczesz chleb często (np. 3 razy w tygodniu), trzymaj zakwas w temperaturze pokojowej i codziennie dokarmiaj 2 łyżkami mąki i 3 łyżkami wody. Jeśli pieczesz rzadko (raz w tygodniu), przechowuj zakwas w lodówce i dokarmiaj raz na tydzień.

ciasto:

- 500 g razowej mąki żytniej
- 300 g zakwasu
- 400 ml wody
- 1 łyżka soli himalajskiej
- 1 łyżeczka kminku lub czarnuszki

Wsyp do miski przesianą mąkę, wlej zakwas, dodaj sól i ciepłą wodę. Dokładne wyrób ciasto. Powinno być zwarte i elastyczne. W razie czego rozrzedź je wodą lub zagęść mąką.

Formę do pieczenia wyłóż papierem lub pergaminem do pieczenia. Włóż ciasto tak, aby sięgało do połowy formy, posmaruj wierzch wodą i posyp kminkiem lub czarnuszką.

Odstaw ciasto w ciepłe miejsce na kilka godzin, aż wyrośnie i wypełni całą formę. Natnij wierzch nożem i oprósz mąką.

Nagrzej piekarnik do temperatury 230°C. Na dno piekarnika wstaw blachę i nalej do niej wody, aby parowała podczas pieczenia. Piecz przez 15 minut w 230°C, a następnie zmniejsz temperaturę do 210 i piecz jeszcze 45 minut.

Krój po całkowitym ostudzeniu.

Chleb mieszany z siemieniem lnianym i pestkami dyni (ok. 15-20 kromek)

- 250 g mąki orkiszowej razowej
- 200 g mąki żytniej razowej
- 400 ml ciepłej wody
- 50 g mąki owsianej
- 2 łyżki płatków owsianych
- 300 g zakwasu
- 1 łyżka siemienia lnianego lub nasion chia
- 1 łyżka soli himalajskiej
- 4 łyżki pestek dyni

Wsyp do miski przesiane mąki, wlej zakwas, dodaj sól, pestki dyni, pół łyżki siemienia i ciepłą wodę. Dokładne wyrób ciasto. Powinno być zwarte i elastyczne. W razie czego rozrzedź wodą lub zagęść mąką.

Formę do pieczenia wyłóż papierem lub pergaminem do pieczenia. Przełóż do niej ciasto tak, aby sięgało do połowy formy, posmaruj wierzch wodą i posyp siemieniem/chia oraz płatkami owsianymi.

Odstaw ciasto w ciepłe miejsce na kilka godzin, aż wyrośnie i wypełni całą formę. Natnij wierzch nożem i oprósz mąką.

Nagrzej piekarnik do temperatury 230°C. Na dno piekarnika wstaw blachę i nalej do niej wody, aby parowała podczas pieczenia. Piecz przez 15 minut w 230°C, a następnie zmniejsz temperaturę do 210°C i piecz jeszcze 45 minut.

Krój po całkowitym ostudzeniu.

Chleb z pęczakiem i sezamem (ok. 15–20 kromek)

- 500 g kaszy gryczanej niepalonej
- 100 g kaszy pęczak
- 100 g płatków gryczanych
- 4 łyżki sezamu
- ½ szklanki pestek dyni
- 1 łyżeczka soli himalajskiej
- 1 łyżeczka tymianku lub oregano

Obie kasze wypłucz pod wodą.

Wsyp je do oddzielnych miseczek i zalej wodą tak, aby sięgała odrobinę ponad poziom kaszy. Do kaszy gryczanej wlej ok. 700 ml wody, a do pęczaku ok. 250 ml.

Odstaw na noc.

Następnego dnia zmiksuj kaszę gryczaną z wodą i przelej masę do dużej miski.

Odsącz pęczak, zalej świeżą wodą i gotuj przez 20 minut.

Do miski ze zmiksowaną kaszą gryczaną dodaj płatki gryczane, ugotowany pęczak, sezam (odłóż trochę do posypania), pestki dyni, sól oraz zioła i dokładnie wymieszaj łyżką.

Wyłóż ciasto do wyłożonej papierem do pieczenia formy, posyp sezamem, wstaw do zimnego piekarnika i zostaw na 3–4 godziny, aż masa się ściągnie. Piecz chleb ok. 60 minut w piekarniku rozgrzanym do ok. 180°C.

Krój po ostudzeniu.

Chleb owsiany z makiem (ok. 15–20 kromek)

- 250 g mąki owsianej
- 250 g mąki orkiszowej razowej
- 300 g zakwasu
- 400 ml wody
- 1 łyżka soli himalajskiej
- 2 łyżki maku

Wsyp do miski przesiane mąki, wlej zakwas, dodaj sól, 1,5 łyżki maku i ciepłą wodę. Dokładnie wyrób ciasto. Powinno być zwarte i elastyczne. W razie czego rozrzedź je wodą lub zagęść mąką.

Formę do pieczenia wyłóż papierem lub pergaminem do pieczenia. Przełóż do niej ciasto tak, aby sięgało do połowy formy, posmaruj wierzch wodą i posyp resztą maku.

Odstaw ciasto w ciepłe miejsce na kilka godzin, aż wyrośnie i wypełni całą formę. Natnij wierzch nożem i oprósz mąką.

Nagrzej piekarnik do temperatury 230°C. Na dno piekarnika wstaw blachę i nalej do niej wody, aby parowała podczas pieczenia.Piecz przez 15 minut w 230°C, a następnie zmniejsz temperaturę do 210°C i piecz jeszcze 45 minut.

Krój po całkowitym ostudzeniu.

Chleb gryczany z czosnkiem niedźwiedzim i suszonymi pomidorami (ok. 15–20 kromek)

- 3 jajka (można je zastąpić ½ szklanki wody po ciecierzycy, którą ubija się tak, jak białko jajka, jedynie czas ubijania jest dłuższy)
- 10 łyżek płatków gryczanych
- 10 łyżek otrąb owsianych lub gryczanych
- 2–3 łyżki czosnku niedźwiedziego
- 8 suszonych pomidorów
- 200 g gładkiego twarożku (lub silken tofu)
- 50 g jogurtu greckiego (lub jogurtu sojowego albo innego roślinnego)

- 1 łyżka soli himalajskiej
- 1 łyżka suszonego oregano
- 1 łyżeczka siemienia lnianego lub sezamu

Oddziel żółtka od białek. Ubij białka z solą na gładką pianę. Dodaj żółtka i rozmiksuj. Jeśli używasz wody po ciecierzycy (aquafaby), tylko ją ubij na pianę.

Wsyp do masy płatki i otręby i delikatnie wymieszaj.

Następnie dodaj ser i jogurt, dokładnie zmiksuj. Dołóż czosnek, oregano, pokrojone suszone pomidory i wymieszaj. Wyłóż keksówkę papierem do pieczenia. Przełóż ciasto do formy, posyp sezamem lub siemieniem lnianym. Piecz ok. 40 minut w 180°C.

Krój po całkowitym ostudzeniu.

Gryczany chleb czystoziarnisty z suszonymi pomidorami (ok. 15–20 kromek)

- 500 g kaszy gryczanej niepalonej
- 200 g słonecznika
- 200 g pestek dyni
- 100 g siemienia lnianego
- 100 g sezamu
- 5 łyżek nasion chia
- 5 łyżek łupiny babki jajowatej
- 1 łyżka soli himalajskiej
- 8 suszonych pomidorów z oleju
- 15 orzechów włoskich
- 2 łyżki oleju kokosowego

Zalej kaszę 1 litrem ciepłej wody i zostaw na ok. 4 godziny, żeby zmiękła.

Dosyp do mieszanki resztę składników (oprócz pomidorów) i odstaw na 30 minut, aż masa zgęstnieje i ściągnie się, a składniki wchłoną całą wodę.

Dodaj pokrojone suszone pomidory i wymieszaj całość.

Wyłóż papierem do pieczenia keksówkę o wymiarach ok. 30x10 cm i wysmaruj ją olejem kokosowym.

Piecz chleb w temperaturze 170°C przez 60 minut.

Chleb gryczano-owsiany (ok. 15–20 kromek)

- 2 szklanki niepalonej kaszy gryczanej
- 5 łyżek płatków owsianych
- 1 łyżka suszonej cebuli
- 1 łyżka suszonych ziół prowansalskich
- 2 łyżki nasion konopi lub słonecznika
- 2 łyżki pestek dyni
- 2 łyżki sezamu czarnego lub białego
- 2 łyżki oliwy
- 1 łyżeczka soli himalajskiej
- 2 łyżki orzechów włoskich

Wypłucz kaszę i zalej ją wodą tak, żeby zakryć ją całkowicie.

Odstaw na noc. Następnie odlej gęstą kleistą wodę i dolej świeżej. Ponownie odstaw na noc.

Zmiksuj kaszę blenderem, dodaj płatki oraz resztę składników i wymieszaj. Przelej do formy, posyp sezamem i piecz w piekarniku rozgrzanym do 170°C przez 60 minut.

Krój po ostudzeniu.

Bułki orkiszowe z niespodzianką (ok. 10 szt.)

- 200 g pełnoziarnistej mąki orkiszowej
- 300 g mąki graham
- 1 łyżka oliwy
- 1 ząbek czosnku
- 1 łyżeczka proszku do pieczenia bio
- 1 łyżeczka czarnuszki
- ½ łyżeczki soli
- 1 łyżeczka suszonego rozmarynu
- ½ szklanki oliwek
- 50 g sera feta

Wymieszaj mąki z proszkiem, solą, oliwą, rozmarynem oraz czarnuszką, dolej cieplej wody (ok. 1 szklankę) i zagniataj delikatnie, aby uzyskać ciasto nieklejące się do rąk.

Ciasto uformuj w placek, na środek wyłóż oliwki, pokruszoną fetę oraz wyciśnięty czosnek i zagnieć rogi placka do środka, aby farsz nie wypływał.

Następnie podziel gotowy bochenek za pomocą drewnianego patyczka na trójkąty, aby po upieczeniu powstały bułeczki.

Piecz 30 minut w 200°C.

Bułeczki z ciecierzycy z czarnuszką (10 szt.)

- 2 puszki ciecierzycy
- 1 łyżeczka soli himalajskiej
- 1 łyżeczka proszku do pieczenia bio
- ½ szklanki mąki owsianej
- 2 łyżki pestek dyni
- 1 łyżka cząbru
- 1 łyżeczka nasion czarnuszki lub innych (sezam, siemię lniane, chia)
- olej kokosowy

Odsącz ciecierzycę i zmiksuj ją w blenderze na gładką masę z olejem kokosowym. Do masy wsyp proszek do pieczenia, mąkę owsianą i wymieszaj. Dosyp pestki dyni, cząber oraz sól i ponownie wymieszaj. Formy na muffinki wysmaruj olejem, ułóż w nich po porcji ciasta, posyp wybranymi nasionami i piecz ok. 35 minut w 180°C.

Tymiankowe bułeczki owsiane z batatem (10 szt.)

- 2 szklanki mąki owsianej
- 1 łyżka proszku do pieczenia bio
- 3 jajka
- 1 ugotowany batat
- 2 czubate łyżki oleju kokosowego lub masła
- 1 łyżeczka soli himalajskiej
- 1 łyżeczka suszonego tymianku
- ⅓ szklanki mleka roślinnego lub wody
- 3 łyżki pestek dyni, słonecznika lub siemienia

Ubij jajka z solą przez ok. 5 minut. Dodaj ugotowany batat, mleko lub wodę i zmiksuj na jednolitą masę.

Dosyp przesianą mąkę, tymianek, proszek do pieczenia, a następnie dołóż olej i 2 łyżki pestek. Wymieszaj. Powinno powstać elastyczne ciasto. Jeśli masa jest zbyt rzadka, dosyp odrobinę mąki.

Podziel ciasto na małe kawałki, formując bułeczki. Posmaruj je wodą i posyp resztą nasion.

Piecz przez ok. 20 minut w 190°C.

Chleb wieloziarnisty (ok. 15–20 kromek)

- 1 szklanka razowej mąki żytniej
- 1 szklanka mąki pełnoziarnistej orkiszowej
- 1 szklanka otrąb owsianych lub gryczanych
- 10 g drożdży
- 50 ml ciepłego mleka roślinnego lub wody
- 1 łyżeczka cukru trzcinowego
- 1 łyżeczka soli himalajskiej
- ½ szklanki nasion słonecznika
- ½ szklanki nasion dyni
- 3 łyżki siemienia lnianego
- 3 łyżki maku
- 2 łyżki oliwy

Rozkrusz drożdże, zasyp je cukrem i zalej 50 ml ciepłego mleka lub wody. Wymieszaj i zostaw pod przykryciem na ok. 30 minut, żeby drożdże zaczęły pracować.

Wsyp do miski przesiane mąki, dodaj drożdże, wlej oliwę oraz 150 ml ciepłej wody i delikatnie wymieszaj drewnianą łopatką. Zostaw masę do wyrośnięcia w ciepłym miejscu na ok. 1 godzinę.

Następnie dodaj do masy nasiona, sól, otręby i wyrób ciasto ręką. Powinno być elastyczne i miękkie.

Wyłóż keksówkę papierem do pieczenia, przełóż do niej ciasto, posyp nasionami, przykryj ściereczką i odstaw w ciepłe miejsce na 2–3 godziny do wyrośnięcia. Wstaw formę z ciastem do nagrzanego do 180°C piekarnika i piecz 35–45 minut do tzw. suchego patyczka.

Pasty do chleba
(przechowuj w lodówce nie dłużej niż 4 dni)

Pasty i smarowidła do chleba zakupione w sklepach bardzo często zawierają groźne dla zdrowia konserwanty przedłużające ich świeżość oraz różne zagęstniki i sztuczne wypełniacze obniżające ich wartość odżywczą. Dlatego kupując gotowe pasty, musisz bardzo skrupulatnie czytać ich skład. Pamiętaj, że domowe są zawsze o wiele bezpieczniejsze i pyszniejsze.

Hummus z migdałami i papryką (6–8 porcji)

- 1 szklanka ugotowanej ciecierzycy
- 1 szklanka ugotowanej czerwonej fasoli
- 1 ząbek czosnku
- ½ szklanki obranych migdałów
- 2 duże czerwone papryki
- 3 łyżki oliwy
- 1 czerwona cebula
- sok z połowy cytryny
- 50 ml zimnej wody
- 1 pęczek świeżej kolendry lub natki pietruszki
- sól himalajska, pieprz, kumin, ostra i słodka papryka
- 1 łyżeczka rozgniecionego siemienia lnianego

Papryki oczyść z nasion i pokrój w kostkę. Wymieszaj je z pokrojoną drobno cebulą, dopraw dużą szczyptą soli, pieprzu, ostrej i słodkiej papryki. Rozgrzej na patelni oliwę, dodaj paprykę z cebulą i podsmaż na małym ogniu przez 8 minut.

Do naczynia do miksowania wsyp ciecierzycę, fasolę, migdały oraz zawartość patelni z papryką i oliwą, dolej wodę. Dodaj posiekaną zieleninę, sok z cytryny, łyżeczkę kuminu i siemię lniane, przeciśnięty przez praskę czosnek i zmiksuj na gładką masę. Przypraw do smaku solą i pieprzem.

Przechowuj w lodówce.

Paprykowa pasta z soczewicy z piniolami/orzechami włoskimi (6–8 porcji)

- 2 szklanki czerwonej soczewicy
- 2 czerwone cebule
- 2 duże papryki
- 3 łyżki oliwy
- ½ szklanki orzechów piniowych uprażonych na suchej patelni lub orzechów włoskich
- słodka i ostra papryka, sól himalajska, pieprz
- zielenina: ½ szklanki natki pietruszki lub szczypiorku

Wypłucz soczewicę, zalej ją lekko osoloną wodą ok. 1 cm nad powierzchnię ziaren, dodaj łyżeczkę oliwy i gotuj 15 minut.

Wrzuć na patelnię posiekaną cebulkę i paprykę, posól, dodaj dużą szczyptę pieprzu i po 1 łyżeczce obu papryk. Wlej 3 łyżki oliwy, wymieszaj i smaż powoli przez 2–3 minuty.

Ugotowaną soczewicę dokładnie odsącz. Dodaj warzywa z przyprawami z patelni oraz orzechy i zmiksuj na pastę.

Na koniec wymieszaj z posiekanymi ziołami.

Pasta z makreli wędzonej z orzechami (6–8 porcji)

- 1 duża makrela lub 150 g wędzonego tofu
- 50 g jogurtu greckiego lub jogurtu sojowego
- 1 łyżka musztardy
- opcjonalnie 1 łyżka miodu
- 1 łyżeczka rozgniecionego siemienia
- 1 łyżka soku z cytryny
- 3 duże kiszone ogórki
- 4 łyżki orzechów włoskich
- 1 cebula dymka ze szczypiorkiem

Oddziel mięso ryby, oczyść z ości.

Wszystkie składniki zblenduj na gładką pastę.

Pasta z makreli z cytrynową nutą (6–8 porcji)

- 200 g wędzonej makreli
- 150 g jogurtu greckiego
- 1 łyżka chrzanu
- 1 łyżka skórki otartej z cytryny
- sok z połowy cytryny
- 2 łyżki oliwy
- 3 gałązki natki pietruszki
- duża garść bazylii
- 6 rzodkiewek

Zetrzyj rzodkiewki na tarce. Pozostałe składniki zblenduj. Dodaj starte rzodkiewki.

Przechowuj w lodówce nie dłużej niż 2 dni.

Pasta orzechowa z pieczonego kalafiora (6–8 porcji)

- 500 g kalafiora
- ½ szklanki orzechów włoskich
- 1 łyżeczka rozgniecionego siemienia lnianego
- 3 łyżki oliwy
- po dużej szczypcie soli himalajskiej, kurkumy, pieprzu, kuminu

Podziel kalafiora na różyczki, włóż je do wrzątku i gotuj 7 minut. Następnie odsącz, przełóż do miski, posyp przyprawami i solą, polej oliwą i wymieszaj.

Wysyp kalafiora na papier do pieczenia i piecz 15 minut w 180°C. Po upieczeniu przełóż do naczynia do miksowania, dodaj orzechy, siemię i zmiksuj.

Miętowa pasta na zielono (6–8 porcji)

- 2 kubki ugotowanego świeżego lub mrożonego zielonego groszku
- 1 małe awokado
- sok z ½ limonki
- 50 g twardego sera feta
- ½ szklanki listków mięty
- czarny pieprz

Groszek, fetę i awokado skrop sokiem z połowy limonki.

Dodaj szczyptę pieprzu, wsyp miętę i zmiksuj na gładką masę.

Błyskawiczny pasztet z wątróbki z jabłkiem (6–8 porcji)

- 300 g wątróbki drobiowej lub ugotowanej brązowej soczewicy
- 3 łyżki masła lub oleju kokosowego
- 1 jabłko
- 1 cebula czerwona
- 1 ząbek czosnku
- 1 łyżka majeranku
- sól himalajska, pieprz

Pokrój drobno jabłko i czosnek, posiekaj cebulę. Na patelni rozgrzej 1 łyżkę masła/oleju, wyłóż jabłko, czosnek i cebulę, przypraw solą oraz pieprzem i podduś ok. 3 minuty, aż zmiękną.

Dodaj oczyszczone wątróbki i smaż razem ok. 6 minut do miękkości mięsa.

Zawartość patelni przełóż do miski, dodaj łyżkę majeranku, resztę masła/oleju i dokładnie zmiksuj na gładką masę.

Pasta z brązowej soczewicy (6–8 porcji)

- 1 szklanka soczewicy brązowej
- 2 cebule
- 3 łyżki oliwy
- sól himalajska, pieprz

Wypłucz soczewicę i ugotuj ją do miękkości w lekko osolonej wodzie.

Cebule posiekaj, posól, posyp pieprzem, wymieszaj z oliwą i zeszklij na patelni przez ok. 2–3 minuty.

Zmiksuj odsączoną soczewicę z cebulą z patelni na gładką pastę.

Pasta z batata z pestkami dyni (6–8 porcji)

- 1 duży batat (ok. 400 g)
- 1 szklanka pestek dyni
- sok z połowy cytryny
- 2 ząbki czosnku w łupince
- sól himalajska, pieprz czarny, kumin, tymianek, oregano, majeranek
- 2 łyżki oliwy
- 3 łyżki rozgniecionego siemienia lnianego

Obierz i pokrój w słupki batat, przypraw go solą oraz pieprzem i polej oliwą.

Wyłóż na papier do pieczenia, obok połóż czosnek w łupince i piecz w piekarniku ok. 20 minut w 190°C. Wstaw do lodówki na ok. 1 godzinę do wystudzenia.

Następnie przełóż do naczynia do miksowania, dodaj pestki dyni, po szczypcie każdej z przypraw, sok z cytryny, siemię lniane i zmiksuj na gładką masę.

Pasta z pieczonej papryki i batata (6–8 porcji)

- 1 batat
- 5 dużych czerwonych papryk
- 2 cebule
- 4 ząbki czosnku
- 4 łyżki oliwy
- 1 łyżeczka rozgniecionego siemienia lnianego
- sól himalajska, pieprz, tymianek, ostra i słodka papryka
- kilka gałązek natki pietruszki/świeżego oregano/bazylii

Obierz batat i pokrój go w plastry lub kostkę.

Paprykę oczyść z gniazd nasiennych i pokrój na grube kawałki. Obierz i posiekaj cebulę. Wymieszaj warzywa w misce, polej je oliwą, posyp solą, pieprzem oraz paprykami i dodaj dużą szczyptę ziół. Wyłóż mieszankę warzyw na wyłożoną papierem do pieczenia blaszkę, obok ułóż czosnek w łupinkach i piecz całość ok. 40 minut w 190°C.

Przesyp warzywa do miski, dodaj wyciśnięte z łupinek ząbki czosnku, pietruszkę/oregano/bazylię oraz siemię lniane i zmiksuj na pastę.

Przechowuj w lodówce i dodawaj do warzyw lub pieczywa.

Guacamole z kolendrą (6–8 porcji)

- 1 duże, dojrzałe i miękkie awokado, np. Hass
- sok z ½ limonki
- 1 ząbek czosnku
- garść świeżej kolendry lub natki pietruszki
- sól himalajska, pieprz

Wybierz miąższ z awokado, przełóż go do miski i skrop sokiem z połowy limonki.

Dodaj wyciśnięty czosnek, posiekaną kolendrę/natkę, dużą szczyptę soli oraz pieprzu, wymieszaj i przełóż do słoika.

Jeśli nie zamierzasz zjadać pasty od razu, do słoika włóż pestkę z awokado – wtedy pasta nie sczernieje :)

Pasta jajeczna z łososiem (6–8 porcji)

- 3 jajka
- 150 g świeżego łososia lub wędzonego tofu
- 2 łyżki gęstego białego twarożku
- 1 gałązka koperku
- szczypiorek
- sok z połowy cytryny
- 2 łyżki masła
- sól himalajska, pieprz, słodka papryka

Skrop rybę sokiem z cytryny, posyp solą i pieprzem.

Ułóż na papierze do pieczenia, wstaw do piekarnika nagrzanego do 180°C i piecz ok. 15 minut. Po upieczeniu podziel na kawałki. Jeśli używasz tofu, pomiń pieczenie.

Jajka włóż do gotującej się, osolonej wody i gotuj 5 minut. Wyjmij, zalej zimną wodą, obierz i posiekaj.

Twarożek przełóż do miski, dodaj po szczypcie papryki, pieprzu, soli, dodaj pokrojone jajka, koperek oraz masło i zmiksuj na gładką pastę. Na koniec wsyp posiekany drobno szczypiorek i wymieszaj.

Pasta z fasoli na czerwono (6–8 porcji)

- 2 szklanki czerwonej fasoli, ugotowanej lub z puszki
- 10 suszonych pomidorów z oliwy
- 2 łyżki oliwy z pomidorów
- 1 czerwona cebula
- 2 ząbki czosnku
- garść świeżej bazylii
- sól himalajska, pieprz, ostra i słodka papryka

Na łyżeczce oliwy zeszklij posiekaną cebulę przez 1 minutę, dodaj pokrojony czosnek i smaż jeszcze przez 1 minutę.

Wymieszaj wszystkie składniki w misce i zmiksuj na gładką masę.

Pasta z bakłażana baba ghanoush (6–8 porcji)

- bakłażan 500 g – najlepiej 3–4 mniejsze okazy
- 1 duża czubata łyżka tahini
- sok z połowy cytryny
- 2 łyżki oliwy
- 2 ząbki czosnku w łupince
- kumin, sól himalajska, pieprz, oregano, majeranek
- do posypania: nasiona granatu, natka pietruszki, świeża kolendra

Nadziej bakłażany na widelec i opalaj nad ogniem kuchenki, aż skórka sczernieje a warzywa zmiękną. Następnie przekrój je na pół, posmaruj oliwą, posyp solą i piecz w piekarniku ok. 20 minut w 200°C. Muszą mieć miękkie wnętrze. Obok ułóż czosnek w łupince i piecz razem.

Po upieczeniu wyjmij miąższ ze środka łyżką i przełóż do miski.

Dodaj wyciśnięty ze skorupki czosnek, po szczypcie oregano, majeranku, soli, pieprzu, oliwę i tahini oraz łyżeczkę kuminu. Dodaj sok z cytryny i zmiksuj na gładko. Podawaj posypane zieleniną i pestkami granatu.

Pasta jajeczna na zielono z czarnuszką (6–8 porcji)

- 50 g sera feta
- 1 miękkie awokado
- 3 jajka ugotowane na twardo
- 1 łyżka jogurtu greckiego
- 1 łyżeczka musztardy
- ½ kubka rzeżuchy lub szczypiorku
- opcjonalnie ½ łyżeczki czarnuszki uprażonej 1 minutę na suchej patelni
- pieprz czarny
- odrobina soku z limonki lub cytryny

Obierz i drobno posiekaj jajka. Przełóż je do miski razem z miąższem awokado, skrop sokiem z limonki/cytryny, wsyp pokruszoną fetę, dodaj jogurt, musztardę, dużą szczyptę pieprzu oraz rzeżuchę/szczypiorek i zmiksuj na gładką pastę lub rozgnieć widelcem.

Przed podaniem posyp czarnuszką.

Hummus na zielono z jarmużem

- 1 szklanka ugotowanej ciecierzycy (ugotuj z odrobiną sody oczyszczonej, wypłucz i wystudź w lodówce)
- 1 szklanka liści szpinaku
- 1 cebula dymka
- 1 ząbek czosnku
- 1 szklanka drobno posiekanych liści jarmużu
- 1 łyżka zmiażdżonego w moździerzu siemienia lnianego
- 1 łyżka tahini
- sok z ćwiartki cytryny
- 2 łyżki oleju rzepakowego nierafinowanego
- sól himalajska, pieprz, kumin
- 1 pęczek natki pietruszki lub kolendry

Wlej oliwę na patelnię, dodaj posiekaną cebulę, szpinak i jarmuż, przypraw dużą szczyptą soli i duś ok. 2 minuty pod przykryciem. Dodaj czosnek, wlej ok. 50 ml wody i duś jeszcze 1 minutę.

Do miski wsyp ciecierzycę, dodaj warzywa z patelni, siemię, dużą szczyptę kuminu i pieprzu, tahini, zieleninę oraz sok z cytryny i zmiksuj na gładką masę.

Przechowuj w lodówce nie dłużej niż 4 dni.

Hummus z suszonymi pomidorami

- 1 szklanka ugotowanej ciecierzycy (ugotuj z odrobiną sody oczyszczonej, wypłucz i wystudź w lodówce)
- 1 łyżka tahini
- sok z ćwiartki cytryny
- 10 suszonych pomidorów
- 2 ząbki czosnku
- 1 łyżeczka nasion chia
- 1 czerwona papryka grillowana na patelni
- 50 ml zimnej wody
- sól himalajska, pieprz, ostra i słodka papryka, cząber, oregano

Zblenduj ciecierzycę, tahini, chia, pomidory, grillowaną paprykę, czosnek, sok z cytryny, łyżeczkę cząbru, oregano z dużą szczyptą soli, pieprzu, ostrej i słodkiej papryki do smaku.

Przechowuj w lodówce nie dłużej niż 4 dni.

Hummus z czarnuszką

- 1 szklanka ugotowanej ciecierzycy (ugotuj ją z odrobiną sody oczyszczonej, wypłucz i wystudź w lodówce)
- 50 ml zimnej wody
- 1–2 ząbki czosnku
- 1 łyżka tahini
- 1 łyżka czarnuszki
- sok z ćwiartki cytryny
- sól himalajska, pieprz

Wsyp do miski ciecierzycę, dodaj czarnuszkę, wodę, dużą szczyptę soli oraz pieprzu, tahini, czosnek, sok z cytryny i zmiksuj na gładką masę.

Przechowuj w lodówce nie dłużej niż 4 dni.

Pasta chrzanowo-szpinakowa (6–8 porcji)

- 1 szklanka białej fasoli Jaś, ugotowanej lub z puszki (podczas gotowania strączków dodaj do wody odrobinę sody oczyszczonej, wtedy ziarna będą miękkie)
- 1–2 łyżki chrzanu
- 1 szklanka liści szpinaku
- sól himalajska, pieprz
- 2 łyżki oliwy
- odrobina soku z cytryny

Przełóż fasolę do miski, dodaj liście szpinaku, chrzan, po dużej szczypcie przypraw, sok z cytryny i oliwę. Zmiksuj na gładką masę.

Pasta gryczana z ciecierzycy

- 1 szklanka ugotowanej ciecierzycy (ugotuj z odrobiną sody oczyszczonej, wypłucz i wystudź w lodówce)
- ½ szklanki ugotowanej i wystudzonej w lodówce kaszy gryczanej/komosy ryżowej
- 1 cebula
- 3 łyżki oleju rzepakowego nierafinowanego
- sól himalajska, pieprz, majeranek
- 1 pęczek natki pietruszki lub kolendry

Na oliwie zeszklij posiekaną cebulę ok. 2 minuty. Dodaj po dużej szczypcie soli i pieprzu.

Do miski wsyp ciecierzycę, kaszę, cebulę z patelni i dodaj 50 ml zimnej wody, natkę lub kolendrę i łyżeczkę majeranku. Zmiksuj całość.

Przechowuj w lodówce nie dłużej niż 4 dni.

Pasta szpinakowa (6–8 porcji)

- 1 paczka szpinaku sałatkowego lub pęczek szpinaku
- 1 duża cebula
- 2 ząbki czosnku
- ½ szklanki nasion słonecznika
- sól himalajska, pieprz
- 2 łyżki oliwy

Nasiona słonecznika zalej wrzątkiem i odstaw na 15–30 minut. Odcedź.

Posiekaj cebulę i zeszklij ją na oliwie przez 1 minutę, dodaj sól, pieprz, pokrojony czosnek, liście szpinaku oderwane od łodyżek i duś pod przykryciem ok. 4 minuty.

Zmiksuj szpinak z nasionami słonecznika na gładką pastę. Przypraw do smaku.

Wędliny domowe na kanapki

Wędliny ze sklepu to jedne z produktów, których spożywanie odradzam zarówno dzieciom, jak i dorosłym. Po pierwsze, zawierają one rakotwórcze konserwanty – azotany sodu, które są bardzo szkodliwe dla żołądka. Po drugie, dodaje się do nich fosforany utrudniające wchłanianie wapnia do krwi, dzięki którym można wpompować w wędlinę dużo wody, zwiększając jej wydajność, a tracąc na jakości. Po trzecie, wypełniacze i zagęstniki typu błonnik, kasza manna (w pasztetach), karageny dodawane są do mielonych wędlin zamiast prawdziwego mięsa.

Sztuczne barwniki i aromaty nadające wędlinom kolor i zapach wędzonki, mimo że je teoretycznie uatrakcyjniają, są naprawdę groźne dla zdrowia, szczególnie dzieci. Powodują alergie i problemy z żołądkiem. Dlatego jednym z najważniejszych zaleceń mojej diety jest samodzielne pieczenie wędlin i wyrabianie ich w domu. Przyda się do tego szynkowar, sprzęt, który jest bardzo tani, a wygląda jak stalowy walec pusty w środku. Przygotowane w nim mięso jest soczyste i aromatyczne. W tradycyjnych przepisach na szynki proponowana jest peklosól, żeby mięso było różowe, ale ja osobiście namawiam, żeby omijać z daleka ten konserwant. Mięso będzie trochę bardziej szare, ale za to o 100 procent zdrowsze.

Od kilku lat krążą informacje o tym, że mięso przyczynia się do rozwoju nowotworów. Tak naprawdę chodzi głównie o dodawane do niego szkodliwe konserwanty, które są niebezpieczne dla naszego zdrowia. Samodzielnie wykonane wyroby nie stanowią takiego zagrożenia.

Szynka z szynkowaru

- 1,3 kg szynki na szynkowar o pojemności 1,5 kg
- sos sojowy, ząbki czosnku, ostra i słodka papryka, pieprz czarny, musztarda

Nakłuj mięso w kilku miejscach.

Przygotuj marynatę: wymieszaj 3 łyżki sosu sojowego, 3 wyciśnięte ząbki czosnku, 3 łyżki musztardy, dodaj po 1 łyżeczce przypraw.

Natrzyj marynatą mięso, wciskając ją w powstałe otwory, owiń dokładnie folią spożywczą i zostaw na całą noc w lodówce.

Umieść mięso w szynkowarze i gotuj 1 godzinę. Zostaw do całkowitego wystygnięcia.

Wegetariańska wędlina na kanapki

- 1 szklanka brązowej soczewicy
- 1 szklanka kaszy gryczanej niepalonej
- 4 łyżki mąki z ciecierzycy
- 2 łyżki agaru
- 1 duża cebula
- 10 suszonych pomidorów
- sól himalajska, pieprz czarny, czosnek niedźwiedzi lub granulowany, ostra i słodka papryka, oregano, szczypta jałowca
- 2 łyżki mielonego siemienia lnianego
- 2 łyżki oliwy

Namocz soczewicę na noc i ugotuj do miękkości.

Ugotuj kaszę w 2 szklankach lekko osolonej wody przez 20 minut, zostaw do ostygnięcia i wchłonięcia wody.

Zeszklij na oleju drobno posiekaną cebulę, dodaj sól, dużą szczyptę pieprzu i po 1 łyżce ostrej i słodkiej papryki, wymieszaj i podgrzewaj 1 minutę.

Soczewicę wsyp do miski, dodaj cebulę z przyprawami z patelni, dodaj szczyptę jałowca, łyżkę oregano oraz czosnku i kaszę, zmiksuj na gładką masę. Przypraw do smaku.

Dodaj mąkę z ciecierzycy, agar, mielone siemię oraz pokrojone suszone pomidory i dokładnie wymieszaj. Masa musi być gęsta.

Wyłóż masę na środek kawałka folii aluminiowej, zawiń i uformuj rulon, zawijając ściśle folię na końcach.

Gotuj ok. 15 minut na parze.

Krój po całkowitym ostygnięciu.

Domowa wędlina „paprykowa mielonka" z szynkowaru

- 1 kg łopatki
- ostra i słodka papryka w proszku, pieprz, cząber, czosnek granulowany, sól himalajska
- 1 łyżka żelatyny
- 100 ml wody

Zmiel mięso w maszynce.

Dodaj po 1 łyżce każdej przyprawy, wlej wodę, wsyp żelatynę i dokładnie wyrabiaj dłonią jak ciasto ok. 10 minut, aż składniki się połączą.

Włóż do worka umieszczonego w szynkowarze. Wstaw na noc do lodówki.

Gotuj mięso w szynkowarze ok. 1 godzinę w temperaturze ok. 90°C.

Zostaw do całkowitego ostygnięcia, a następnie wstaw do lodówki na kilka godzin, aby masa stężała.

Krój po całkowitym ostudzeniu.

Galantyna babci Tereski

- 1 duży filet z indyka lub kurczaka (ok. 500 g)
- 150 g mięsa mielonego z nóg drobiowych lub wieprzowego
- 10 pieczarek
- 1 jajko
- 1 pęczek natki pietruszki
- 3 łyżki orzechów włoskich
- kawałek pora
- sól himalajska, pieprz, ostra i słodka papryka, czosnek granulowany, cząber
- 2 łyżki musztardy

Filet rozkrój tak, aby tworzył jeden długi płat mięsa (zacznij rozkrawanie od środka filetu), nasmaruj musztardą i posyp solą, pieprzem i cząbrem.

Zetrzyj pieczarki na tarce, dodaj pokrojonego drobniutko pora, posiekaną pietruszkę i drobno posiekane orzechy. Przełóż wszystko do miski i wymieszaj z jajkiem, dużą szczyptą soli, papryki i pieprzu.

Na rozkrojony filet wyłóż równomiernie farsz, rozsmaruj i zawiń ściśle jak roladę.

Owiń walec z mięsa folią spożywczą lub przełóż do specjalnego worka (dokładnie ściśnij) do gotowania w szynkowarze. Gotuj 1 godzinę.

Krój po całkowitym ostudzeniu.

Galantyna na zielono w wersji wege

- 200 g nerkowców
- 100 g białej fasoli z puszki
- 1 pęczek natki pietruszki
- kawałek pora
- 2 łyżki agaru
- 2 ząbki czosnku
- cząber, sól himalajska, pieprz
- 200 ml wody
- 1 łyżka oleju kokosowego

Zalej nerkowce wrzątkiem i zostaw na noc.

Posiekaj pora, posól i poddus ok. 2 minuty na łyżce oleju kokosowego.

Zblenduj odsączone orzechy z fasolą, porem, czosnkiem i dużą szczyptą soli, pieprzu i cząbru. Do masy dodaj posiekaną natkę, wymieszaj i dopraw do smaku.

Do garnuszka wlej wodę, dodaj agar i gotuj powoli ok. 8–10 minut, aż zgęstnieje. Dodaj wodę z agarem do masy w blenderze i dokładnie zmiksuj.

Keksówkę wyłóż folią spożywczą. Przełóż do niej masę (szybko tężeje!) i zawiń w folię, formując kształt batona. Możesz też przelać masę do foremki silikonowej, z której będzie łatwiej wyjąć galantynę.

Omletowe wariacje – inspirowane apetytem mojego męża :)

Omlety robimy na winie, czyli z produktów, które „nawiną się" pod rękę :) Pierwszy taki omlet jadłam w dzieciństwie u mojej przyjaciółki. Jej mama robiła je nam na szybko z tego, co miała w kuchni. To były takie nasze małe pizze domowe, robione w tempie błyskawicznym.

Proponuję kilka wersji jako inspirację do tworzenia innych ulubionych wariacji.

Omlet po grecku (1 porcja/2 szt.)

- 1 jajko
- 2 łyżki płatków owsianych lub gryczanych zmielonych na mąkę
- 1-centymetrowy plaster sera feta (ok. 25 g)
- 3 suszone pomidory
- 4 oliwki
- 1 cebula dymka ze szczypiorkiem
- 1 łyżka oliwy
- 50 ml wody mineralnej
- sól himalajska, pieprz, tymianek, oregano

Roztrzep jajko trzepaczką ręczną, dodaj wodę, mąkę, szczyptę soli oraz pieprzu, tymianku oraz oregano i wymieszaj. Powinno powstać ciasto o konsystencji gęstej śmietany.

Do masy dodaj posiekaną dymkę ze szczypiorkiem, pokrojone drobno suszone pomidory i pokrojone w krążki oliwki, wymieszaj, wkrusz fetę i połącz delikatnie masę.

Na patelni rozgrzej olej, wlej porcję ciasta, aby wypełniła całą patelnię. Smaż na małym ogniu pod przykryciem. Kiedy spód będzie gotowy, przewróć na drugą stronę i smaż na rumiano.

Omlet po włosku (1 porcja/2 szt.)

- 1 jajko
- 2 łyżki płatków owsianych lub gryczanych zmielonych na mąkę
- 1 plaster szynki prosciutto lub innej wędzonej bez konserwantów
- 3 suszone pomidory
- 2 plastry mozzarelli
- 4 oliwki
- 1 mała czerwona cebula
- 1 łyżka oliwy
- 50 ml wody mineralnej
- sól himalajska, pieprz, cząber
- garść świeżej bazylii

Roztrzep jajko trzepaczką ręczną, dodaj wodę, mąkę, szczyptę soli oraz pieprzu, cząbru, posiekaną bazylię i wymieszaj. Powinno powstać ciasto o konsystencji gęstej śmietany.

Do masy dodaj posiekaną czerwoną cebulkę, pokrojone drobno suszone pomidory oraz szynkę i pokrojone w krążki oliwki. Wymieszaj, wkrusz mozzarellę i połącz delikatnie masę.

Na patelni rozgrzej olej, wlej porcję ciasta, aby wypełniła całą patelnię. Smaż na małym ogniu pod przykryciem. Kiedy spód będzie gotowy, przewróć na drugą stronę i smaż na rumiano.

Omlet z tuńczykiem/łososiem (1 porcja/2 szt.)

- 1 jajko
- 2 łyżki płatków owsianych zmielonych na mąkę
- 30 g tuńczyka w sosie własnym/łososia wędzonego
- 1 łyżka stołowa posiekanej świeżej natki pietruszki
- 1 łyżka posiekanego szczypiorku
- sól himalajska, pieprz
- 1 łyżka twarogu do smarowania
- odrobina oliwy

Roztrzep jajko trzepaczką ręczną, dodaj wodę, mąkę, twarożek, szczyptę soli oraz pieprzu, posiekaną natkę, szczypiorek i wymieszaj. Powinno powstać ciasto o konsystencji gęstej śmietany.

Do masy dodaj kawałki ryby i połącz delikatnie masę.

Na patelni rozgrzej olej, wlej porcję ciasta, aby wypełniła całą patelnię. Smaż na małym ogniu pod przykryciem. Kiedy spód będzie gotowy, przewróć na drugą stronę i smaż na rumiano.

Omlet pieczarkowy (1 porcja/2 szt.)

- 1 jajko
- 2 łyżki płatków owsianych lub gryczanych zmielonych na mąkę
- 1-centymetrowy plaster sera tofu lub szynki bez konserwantów (ok. 25 g)
- 4 pieczarki
- 1 cebula dymka ze szczypiorkiem
- 1 łyżka oliwy
- 50 ml wody mineralnej
- sól himalajska, pieprz, czosnek granulowany lub świeży

Roztrzep jajko trzepaczką ręczną, dodaj wodę, mąkę, szczyptę soli oraz pieprzu, czosnek pokrojony lub granulowany i wymieszaj. Powinno powstać ciasto o konsystencji gęstej śmietany.

Do masy dodaj posiekaną dymkę ze szczypiorkiem, pokrojone drobno pieczarki oraz szynkę i połącz delikatnie masę.

Na patelni rozgrzej olej, wlej porcję ciasta, aby wypełniła całą patelnię. Smaż na małym ogniu pod przykryciem. Kiedy spód będzie gotowy, przewróć na drugą stronę i smaż na rumiano.

Omlet na zielono ze szpinakiem (1 porcja/2 szt.)

- 1 jajko
- 2 łyżki płatków owsianych lub gryczanych zmielonych na mąkę
- 1-centymetrowy plaster sera feta
- 1 szklanka szpinaku
- 1 cebula szalotka
- 1 łyżka oliwy
- 50 ml wody mineralnej lub mleka kokosowego
- sól himalajska, pieprz, czosnek granulowany lub świeży, szczypta gałki muszkatołowej

Roztrzep jajko trzepaczką ręczną, dodaj wodę/mleko, mąkę, szczyptę soli oraz pieprzu i wymieszaj. Powinno powstać ciasto o konsystencji gęstej śmietany.

Podduś na oliwie posiekaną cebulkę ze szpinakiem i czosnkiem oraz szczyptą gałki muszkatołowej.

Do masy dodaj szpinak z patelni oraz pokruszoną fetę i połącz delikatnie masę.

Na patelni rozgrzej olej, wlej porcję ciasta, aby wypełniła całą patelnię. Smaż na małym ogniu pod przykryciem. Kiedy spód będzie gotowy, przewróć na drugą stronę i smaż na rumiano.

Omlet na zielono z brokułami (1 porcja/2 szt.)

- 1 jajko
- 2 łyżki płatków owsianych lub gryczanych zmielonych na mąkę
- 1-centymetrowy plaster sera feta
- 1 szklanka ugotowanych na parze brokułów
- cebula dymka ze szczypiorkiem
- 1 łyżka oliwy
- 50 ml wody mineralnej
- sól himalajska, pieprz, czosnek granulowany lub świeży

Roztrzep jajka trzepaczką ręczną, dodaj wodę, mąkę, szczyptę soli oraz pieprzu, czosnek pokrojony lub granulowany i wymieszaj. Powinno powstać ciasto o konsystencji gęstej śmietany.

Do masy dodaj posiekaną dymkę ze szczypiorkiem, pokrojone drobno brokuły oraz pokruszoną fetę i połącz delikatnie masę.

Na patelni rozgrzej olej, wlej porcję ciasta, aby wypełniła całą patelnię. Smaż na małym ogniu pod przykryciem. Kiedy spód będzie gotowy, przewróć na drugą stronę i smaż na rumiano.

Omlet na ostro z paprykami (1 porcja/2 szt.)

- 1 jajko
- 2 łyżki płatków owsianych lub gryczanych zmielonych na mąkę
- 1 papryczka chili
- 1 szklanka posiekanych kolorowych papryk
- 1 cebula czerwona
- 1 łyżka oliwy

- 50 ml wody mineralnej
- sól himalajska, pieprz, ostra i słodka papryka, czosnek granulowany lub świeży, szczypta gałki muszkatołowej

Roztrzep jajko trzepaczką ręczną, dodaj wodę, mąkę, szczyptę soli oraz pieprzu i wymieszaj. Powinno powstać ciasto o konsystencji gęstej śmietany.

Podduś na oliwie krążki cebuli z drobno posiekanymi kolorowymi paprykami i papryczką chili oraz dużą szczyptą suszonych papryk, czosnku i pieprzu.

Do masy jajecznej dodaj warzywa z patelni i delikatnie wymieszaj.

Na patelni rozgrzej olej, wlej porcję ciasta, aby wypełniła całą patelnię. Smaż na małym ogniu pod przykryciem. Kiedy spód będzie gotowy, przewróć na drugą stronę i smaż na rumiano.

Omlet z mąki kokosowej z owocami leśnymi

- 2 jajka
- 4 łyżki mąki kokosowej
- 4 łyżki gęstego serka twarogowego lub mleka kokosowego
- 2 łyżki drobnych otrąb owsianych
- 1 miseczka owoców leśnych (ok. 200 g)
- 2 łyżki orzechów włoskich lub laskowych
- 2 łyżeczki oleju kokosowego

Ubij jajka mikserem na puszystą pianę.

Dodaj do masy otręby i mąkę kokosową, serek lub mleko kokosowe i delikatnie wymieszaj.

Do masy dodaj owoce, orzechy i wlej porcję ciasta na patelnię.

Smaż na małym ogniu pod przykryciem, żeby masa się ścięła, nie trzeba wtedy przewracać omleta.

Omlet à la caprese (1 porcja/2 szt.)

- 1 jajko
- 2 łyżki płatków owsianych lub gryczanych zmielonych na mąkę
- 1 dojrzały pomidor
- 1 kulka mozzarelli

- garść świeżej bazylii
- dymka ze szczypiorkiem
- 3 łyżki oliwy
- 50 ml wody mineralnej
- 1 limonka
- sól himalajska, pieprz, oregano i tymianek świeży lub suszony

Roztrzep jajko trzepaczką ręczną, dodaj wodę, mąkę, szczyptę soli oraz pieprzu, posiekaną dymkę ze szczypiorkiem i wymieszaj. Powinno powstać ciasto o konsystencji gęstej śmietany.

Na patelni rozgrzej olej, wlej porcję ciasta, aby wypełniła całą patelnię. Smaż na małym ogniu pod przykryciem. Kiedy spód będzie gotowy, przewróć na drugą stronę, wyłóż na wierzch plastry pomidora oraz mozzarelli i smaż na rumiano.

Przygotuj błyskawiczny sos bazyliowy: zblenduj garść bazylii z 2 łyżkami oliwy, tymiankiem i łyżeczką soku z limonki.

Polej omlet sosem bazyliowym.

Razowe pancakes z warzywami (1 porcja/2 szt.)

- 1 szklanka mąki orkiszowej razowej
- ½ łyżeczki proszku do pieczenia
- 1 jajko
- ½ szklanki jogurtu naturalnego/kefiru
- 2 łyżeczki oliwy lub roztopionego oleju kokosowego
- sól himalajska, pieprz, oregano lub tymianek
- warzywa: np. dymka ze szczypiorkiem, natka pietruszki, papryka, pieczarki, świeży ząbek czosnku

Do miseczki wsyp mąkę, proszek do pieczenia, dużą szczyptę soli i ziół. Wymieszaj składniki.

Roztrzep jajko, dodaj jogurt, szczyptę pieprzu, łyżkę oleju lub oliwy i zamieszaj.

Połącz składniki suche i mokre. Rozmieszaj na gładką masę. Dodaj 1 szklankę pokrojonych dowolnych warzyw i delikatnie wymieszaj.

Smaż na lekko natłuszczonej patelni na wolnym ogniu pod przykryciem ok. 1–2 minuty, aż ciasto się zetnie.

Podawaj posypane zieleniną.

Drugie śniadania

To propozycje posiłków, które możecie zabrać do pracy. Można je spożywać na zimno, są wygodne do zapakowania do pudełka typu lunch box. Dzięki takiemu posiłkowi nie wrócicie do domu piekielnie głodni.

Placuszki z kaszy gryczanej i wędzonego twarogu (4 porcje)

- 1 szklanka suchej kaszy gryczanej
- 100 g wędzonego lub zwykłego twarogu
- 1 cebula dymka ze szczypiorkiem
- 1 duża cebula
- 2 jajka
- 4 łyżki otrąb owsianych
- 1 łyżeczka rozgniecionego siemienia
- 2 łyżki nasion dyni lub słonecznika, lub orzeszków piniowych
- sól himalajska, pieprz, ząbek czosnku
- 2 łyżki oliwy lub oleju rzepakowego do smażenia

sos jogurtowy: 200 ml jogurtu greckiego wymieszaj ze szczyptą soli, pieprzu, 4 łyżkami posiekanego szczypiorku, wyciśniętym ząbkiem czosnku i rzeżuchą lub natką.

Kaszę wypłucz dokładnie pod wodą, wsyp do garnka. Wlej 2 szklanki wody, posól i gotuj do miękkości ok. 20 minut. Ostudź i wychłodź w lodówce lub ugotuj dzień wcześniej i przechowaj w lodówce (zmniejszy to indeks glikemiczny kaszy).

Cebule pokrój drobno i zeszklij ze szczyptą soli i pieprzu na łyżce oliwy ok. 2 minuty. Szczypiorek drobno posiekaj, czosnek wyciśnij przez praskę.

Ugotowaną i odsączoną kaszę przełóż do miski, wbij 2 jajka, dodaj otręby i zmiksuj. Następnie dodaj rozgnieciony twaróg i dopraw pieprzem. Zmiksuj, aby składniki się połączyły. Do masy dorzuć posiekany szczypiorek, podsmażoną cebulkę, czosnek, nasiona i wymieszaj.

Ciasto powinno być gęste, w razie potrzeby dodaj do masy więcej otrąb.

Blachę wyłóż papierem do pieczenia, łyżką nakładaj porcję ciasta wielkości małych placków.

Piecz ok. 20 minut w 180°C.
Podawaj z sosem posypane siemieniem.

Razowe kanapki z grillowanymi rzodkiewkami i awokado

- 4 kromki razowego chleba (najlepiej wykorzystaj czerstwy chleb i upiecz go w tosterze, zmniejszy to jego indeks glikemiczny)
- 6 rzodkiewek
- 1 miękkie awokado
- sałata roszponka lub rukola
- szczypiorek lub rzeżucha
- odrobina soku z limonki lub cytryny
- 1 mały ząbek czosnku
- sól himalajska, pieprz, świeża bazylia
- 2 łyżeczki oliwy
- 2 czubate łyżki twarożku

Twarożek wymieszaj z 2 łyżkami rzeżuchy lub szczypiorku, szczyptą soli i pieprzu.

Rzodkiewki pokój w grube plastry, posyp solą oraz pieprzem i polej oliwą. Ułóż na patelni grillowej i smaż ok. 2 minuty.

Awokado rozgnieć widelcem, posyp szczyptą soli, skrop sokiem z limonki/cytryny i dodaj wyciśnięty ząbek czosnku. Dodaj łyżkę posiekanej bazylii i wymieszaj.

Na kromkę wyłóż porcję pasty z awokado, na to listki sałaty, grillowane rzodkiewki i porcję twarożku, przykryj drugą kromką.

Komosa ryżowa z owocami leśnymi (2 porcje)

- 1 szklanka komosy ryżowej lub kaszy owsianej
- 2,5 szklanki mleka roślinnego – kokosowego lub migdałowego
- laska wanilii
- 1 mango
- 1 miseczka mieszanki czerwonych owoców: truskawek, borówek, jeżyn, malin, poziomek, jagód

- 2 łyżki orzechów nerkowca
- 2 łyżeczki nasion chia lub świeżo zmielonego siemienia lnianego
- kilka listków mięty

Kaszę wypłucz pod bieżącą wodą, wsyp do garnuszka, dodaj nasiona chia lub siemię i zalej mlekiem roślinnym, dodaj laskę wanilii.

Gotuj ok. 15 minut i zostaw do wchłonięcia wody. Wyjmij laskę wanilii, a ziarenka wrzuć do kaszy. Następnie ostudź i wychłodź w lodówce lub ugotuj dzień wcześniej i przechowaj w lodówce (zmniejszy to indeks glikemiczny kaszy).

Wymieszaj kaszę z orzechami, pokrojonym mango oraz miętą i udekoruj czerwonymi owocami.

Wrapsy omletowe z awokado (2 porcje)

- 2 jajka
- 50 ml mleka ryżowego lub innego roślinnego lub wody
- 2 łyżki otrąb owsianych
- szczypta soli himalajskiej
- 4 łyżki szczypiorku lub natki pietruszki
- 1 miękkie awokado
- kilka listków sałaty, rukoli lub szpinaku
- 1 ząbek czosnku
- 1 duży pomidor
- odrobina soku z limonki lub cytryny
- 2 łyżki oliwy

Jajka zmiksuj z otrębami i mlekiem/wodą oraz szczyptą soli, dodaj posiekaną natkę lub szczypiorek i wymieszaj.

Na lekko natłuszczoną dużą patelnię wlej porcję ciasta. Smaż omlet, aż się zetnie, na małym ogniu pod przykryciem, wtedy nie trzeba przewracać.

Na omlet układaj cieniutkie plasterki awokado skropione sokiem z limonki i oprószone odrobiną wyciśniętego czosnku oraz solą. Na to układaj listki sałaty oraz pomidora i zawijaj omlety.

Frittata z grzybami i cebulą (2 porcje)

- 4 jajka
- 1 duża cebula
- 1 łyżka otrąb owsianych lub gryczanych
- 200 g grzybów lub pieczarek, kurek
- ząbek czosnku, pieprz, sól himalajska, tymianek lub oregano
- szczypiorek lub natka pietruszki
- 2 łyżki oliwy lub oleju rzepakowego nierafinowanego, lub oleju kokosowego
- 1 kulka mozzarelli

Cebulę pokrój w krążki, pieczarki lub grzyby w plastry, posól i posyp pieprzem. Smaż ok. 3 minuty na łyżce oliwy. Posyp dużą szczyptą tymianku/oregano.

Jajka ubij mikserem ze szczyptą soli ok. 2 minuty. Do masy jajecznej dodaj łyżkę otrąb, pieczarki z cebulą, posiekany drobno czosnek i posiekany pęczek szczypiorku lub natki, wymieszaj.

Na patelnię wlej łyżkę oliwy, lekko rozgrzej i dodaj masę, posyp posiekaną mozzarellą.

Smaż na małym ogniu pod przykryciem, aż masa się zetnie. Ewentualnie podsmaż spód, a całą patelnię wstaw na ok. 8 minut do piekarnika nagrzanego do 180°C (patelnia musi mieć metalową rączkę, aby się nie przypaliła. Uważaj, żeby przy wyjmowaniu się nie oparzyć!).

Sandwicze z razowego chleba z pastą z awokado

- 4 kromki czerstwego razowego chleba (ma niższy indeks glikemiczny)
- 4 plastry wędzonego łososia lub 50 g innej wędzonej ryby: makreli, pstrąga bez ości
- 1 małe miękkie awokado
- 4 liście twardej sałaty lodowej lub rzymskiej
- 1 czerwona cebula
- 1 ząbek czosnku
- łyżka soku z limonki lub cytryny
- sól himalajska, pieprz
- 1 łyżka musztardy gruboziarnistej
- 1 pomidor
- szczypiorek, świeża bazylia lub natka pietruszki

Awokado rozgnieć widelcem, dodaj wyciśnięty ząbek czosnku, 2 łyżki posiekanej zieleniny, łyżkę soku z limonki lub cytryny, szczyptę soli, pieprzu.

Chleb posmaruj pastą z awokado.

Połóż plasterek pomidora, cebuli, liść sałaty, kawałek ryby i odrobinę musztardy. Przykryj drugą kromką.

Sałatka z komosy na zielono (2 porcje)

- 1 szklanka komosy ryżowej
- 1 pęczek natki pietruszki
- 2 łyżki oliwy
- 1 cebula dymka ze szczypiorkiem
- 2 jajka
- 4 łyżki orzechów piniowych uprażonych minutę na suchej patelni lub włoskich, pestek dyni lub słonecznika
- sól himalajska, pieprz

Komosę dokładnie wypłucz pod bieżącą wodą. Wsyp do garnka, zalej 2 szklankami wody, dodaj szczyptę soli i gotuj ok. 10 minut. Następnie ostudź i ewentualnie wychłodź w lodówce lub ugotuj dzień wcześniej i przechowaj w lodówce (zapewni to mniejszy indeks glikemiczny kaszy).

Na odrobinie oliwy zeszklij cebulkę przez 2 minuty, przypraw solą i pieprzem.

Jajka ugotuj na półtwardo, aby żółtko było lekko płynne (ok. 6 minut od momentu włożenia do wrzącej wody).

Pięć łyżek posiekanej natki zalej 2 łyżkami oliwy, dodaj szczyptę soli oraz pieprzu i zmiksuj na sos.

Kaszę wsyp do miski, wymieszaj z zeszkloną cebulką, posiekanym szczypiorkiem, orzechami lub nasionami i polej sosem z pietruszki.

Podziel mieszankę na 2 części, do każdej dodaj pokrojone w ćwiartki jajko.

Sałatka z fasolką szparagową i suszonymi pomidorami (2 porcje)

- 1 szklanka ugotowanej ciecierzycy, wystudzonej w lodówce (obniży to indeks glikemiczny)
- 1 cebula dymka ze szczypiorkiem
- 6–8 suszonych pomidorów
- 200 g fasolki szparagowej lub pęczek zielonych szparagów
- 1 czerwona cebula
- 1 czerwona papryka
- 1 szklanka świeżego szpinaku
- 2 łyżki orzechów włoskich, laskowych lub piniowych uprażonych na suchej patelni
- ½ szklanki liści bazylii
- sól himalajska, pieprz

Przygotuj dressing bazyliowy: bazylię zmiksuj z 2 łyżkami oliwy z suszonych pomidorów.

Na patelnię wlej łyżkę oleju z pomidorów suszonych i wrzuć posiekaną cebulę oraz paprykę. Zeszklij ok. 2 minuty, posyp solą i pieprzem.

Do miski wrzuć ciecierzycę, ugotowaną na parze fasolkę/szparagi, warzywa z patelni i dokładnie wymieszaj.

Posyp posiekaną dymką ze szczypiorkiem i szpinakiem.

Dołóż na wierzch orzechy i i polej bazyliowym dressingiem.

Zielone pieczone kotleciki z sosem miętowym à la tzatziki

- 200 g mrożonego zielonego groszku – nie z puszki
- ½ szklanki jogurtu greckiego
- 1 świeży ogórek
- 1 ząbek czosnku
- 1 jajko
- 1 cebula dymka ze szczypiorkiem
- garść świeżej mięty
- odrobina soku z limonki lub cytryny
- 1 łyżka zmielonych płatków owsianych lub otrąb

- 1 łyżka pestek dyni lub słonecznika
- sól himalajska, pieprz
- 1 łyżka oliwy

Gotuj groszek ok. 6–8 minut do miękkości, najlepiej na parze (zmniejszy to indeks glikemiczny).

Odsączony groszek wystudź w lodówce przez 1 godzinę, wrzuć do naczynia, w którym będziesz miksować. Dorzuć pokrojoną cebulkę ze szczypiorkiem, szczyptę soli, pieprzu, łyżkę zmielonych płatków owsianych lub otrąb, oliwę, jajko oraz pestki dyni/słonecznika i zmiksuj na gładką masę.

Formuj dłonią małe płaskie kotleciki, możesz je delikatnie oprószyć zmielonymi płatkami lub otrębami.

Układaj na blasze wyłożonej papierem do pieczenia. Piecz ok. 20 minut, aż się zarumienią.

Wymieszaj jogurt ze startym i odsączonym ogórkiem, posiekaną miętą, wyciśniętym czosnkiem, sokiem z limonki/cytryny oraz szczyptą soli oraz pieprzu i wymieszaj.

Podawaj kotleciki z sosem jogurtowo-miętowym.

Sałatka z pieczonych warzyw z kaszą i oliwkami (2 porcje)

- ½ szklanki suchej komosy ryżowej lub kaszy gryczanej
- 1 batat
- 1 pietruszka
- 1 seler
- 1 cukinia
- żółta, czerwona i zielona papryka
- 1 czerwona cebula
- 1 młody brokuł lub mrożony
- 4 ząbki czosnku w łupinkach
- duża szczypta skórki otartej z cytryny
- 2 szklanki świeżego szpinaku
- 10 oliwek
- 1 pęczek natki lub kolendry, szczypiorku
- 3 łyżki oliwy
- 1 łyżeczka rozgniecionego siemienia
- po dużej szczypcie cynamonu, czarnuszki, kurkumy, chili, soli himalajskiej, estragonu

Przyprawy wymieszaj z oliwą.

Warzywa (oprócz czosnku i brokułu) pokrój w grubszą kostkę, polej oliwą i dokładnie wymieszaj. Zostaw na 15 minut do zamarynowania.

Wyłóż warzywa na papier do pieczenia, obok ułóż ząbki czosnku w łupinie i piecz ok. 20 minut w 200°C.

Wypłucz dokładnie kaszę i ugotuj w lekko osolonej wodzie przez ok. 10–15 minut. Pięć minut przed końcem gotowania dodaj kawałki brokułu i ugotuj go na półtwardo. Możesz też ugotować kaszę dzień wcześniej i przechować w lodówce (zmniejszy to jej indeks glikemiczny).

Upieczone warzywa wymieszaj z kaszą, brokułem, świeżym szpinakiem, wyjętymi z łupinek ząbkami czosnku i posyp pokrojonymi oliwkami, siemieniem oraz świeżą natką lub kolendrą/szczypiorkiem i skórką z cytryny.

Soczewica na zielono z grzybami (2 porcje)

- 1 szklanka soczewicy brązowej lub zielonej, lub komosy ryżowej
- 300 g pieczarek/kurek lub grzybów leśnych
- 1–2 ząbki czosnku
- 1 cebula dymka ze szczypiorkiem
- 2–3 szklanki szpinaku lub jarmużu
- 2 łyżki orzechów włoskich, laskowych lub uprażonych na suchej patelni piniowych albo pestek dyni, słonecznika
- natka pietruszki
- 2 łyżki oliwy
- sól himalajska, pieprz, tymianek, oregano

Soczewicę lub komosę wypłucz w wodzie, zalej 2 szklankami czystej wody, lekko posól i gotuj ok. 10-15 minut do miękkości. Ostudź i ewentualnie wychłodź w lodówce lub ugotuj dzień wcześniej i przechowaj w lodówce (zapewni to mniejszy indeks glikemiczny kaszy).

Na oliwie zeszklij posiekaną cebulę ok. 2 minuty, posyp solą i pieprzem. Dodaj czosnek, pokrojone grzyby, dopraw pieprzem i ziołami i duś ok. 6–8 minut.

Dodaj pokrojone liście jarmużu lub szpinak i duś pod przykryciem ok. 2 minuty.

Warzywa wymieszaj z soczewicą lub kaszą, dodaj orzechy, posiekaną natkę oraz szczypiorek i wymieszaj.

Lunch box z brukselkami i szparagami (2 porcje)

- 1 szklanka komosy ryżowej lub kaszy gryczanej, lub pęczak
- 100 g fasolki szparagowej lub zielonych szparagów
- 100 g brukselki
- 1 ząbek czosnku
- opcjonalnie kawałek papryczki chili
- 1 cebula dymka ze szczypiorkiem
- 2 łyżki oliwy lub masła klarowanego
- 2 łyżki orzechów włoskich, laskowych lub piniowych uprażonych
- 1 pęczek natki pietruszki
- sól himalajska, pieprz

Wypłucz kaszę i ugotuj według instrukcji w lekko osolonej wodzie. Następnie ostudź i ewentualnie wychłodź w lodówce lub ugotuj dzień wcześniej i przechowaj w lodówce (zapewni to mniejszy indeks glikemiczny kaszy).

Ugotuj w lekko osolonym wrzątku pokrojoną brukselkę i fasolkę/szparagi przez ok. 6 minut.

Zeszklij na oliwie cebulkę, dopraw solą i pieprzem, dodaj ugotowane i odsączone warzywa, posiekany czosnek, chili (opcjonalnie) i przesmaż ok. 3 minuty.

Warzywa wymieszaj z ugotowaną kaszą, dodaj orzechy, posiekaną natkę oraz szczypiorek.

Możesz jeść na zimno i na ciepło.

Sałatka z kalafiorowego kuskusu z orzechami (2 porcje)

- 500 g świeżego kalafiora
- 2 łyżki pokruszonych orzechów laskowych, włoskich lub ziemnych
- 1 mała cukinia
- 2 ząbki czosnku
- 1 czerwona cebula
- 1 cebula dymka ze szczypiorkiem
- 1 czerwona papryka
- 2 łyżki oliwy
- 2 garście świeżej bazylii

- sól himalajska, pieprz, tymianek
- dwie łyżki soku z limonki lub cytryny

Kalafiora umyj i zetrzyj na tarce.

Cukinię, paprykę i czerwoną cebulę pokrój na większe kawałki. Posól, posyp tymiankiem i polej łyżką oliwy, wymieszaj.

Drugą łyżkę oliwy wymieszaj ze szczyptą soli, wyciśniętym czosnkiem, kalafiorem i sokiem z limonki/cytryny.

Na wyłożoną papierem do pieczenia blachę wyłóż rozdrobniony kalafior, obok umieść warzywa. Piecz całość w piekarniku nagrzanym do 200°C przez 15 minut.

Upieczone warzywa wymieszaj ze sobą, dodaj posiekany szczypiorek i orzechy oraz świeżą bazylię i połącz składniki.

Libańska sałatka tabbouleh (2 porcje)

- 1 szklanka komosy ryżowej
- 1 pęczek natki pietruszki
- ½ szklanki posiekanej mięty
- 3 duże dojrzałe pomidory bez skórki
- 1 cebula dymka ze szczypiorkiem
- odrobina soku z cytryny
- 2 łyżki oliwy
- 2 szklanki świeżego szpinaku lub 100 g ulubionej sałaty
- sól himalajska, pieprz

Wypłucz dokładnie komosę pod wodą z kranu i zalej 2 szklankami czystej wody. Osól lekko i gotuj 10 minut. Następnie ostudź i ewentualnie wychłodź w lodówce lub ugotuj dzień wcześniej i przechowaj w lodówce (zapewni to mniejszy indeks glikemiczny).

Ugotowaną kaszę odsącz, wymieszaj z posiekaną natką, miętą, sokiem z cytryny, oliwą, posiekaną drobno dymką ze szczypiorkiem. Dodaj sól, pieprz oraz szpinak lub sałatę.

Kaszę odstaw na 20 minut.

Dodaj pokrojone pomidory.

Sałatka z soczewicą, grillowanymi warzywami i bazyliowym dressingiem (2 porcje)

- 1 szklanka soczewicy brązowej ugotowanej na parze lub z zalewy naturalnej lub ugotowanej w małej ilości wody i wystudzonej w lodówce, aby zmniejszyć indeks glikemiczny
- 6 suszonych pomidorków z oliwy
- 2 papryki kolorowe (żółta i czerwona)
- 1 pęczek szczypiorku
- garść świeżej bazylii lub ulubionych świeżych ziół
- 1 łyżka posiekanych orzechów włoskich lub nerkowca lub pestek dyni, słonecznika
- 2 łyżki oliwy z suszonych pomidorów
- 2 łyżki soku z cytryny
- sól himalajska, pieprz czarny, czosnek granulowany, ostra lub słodka papryka, cząber

dressing: wrzuć do malaksera lub blendera bazylię lub ulubione zioła, wlej 2 łyżki oliwy z pomidorów, dodaj sok z cytryny, po dużej szczypcie soli oraz pieprzu i zmiksuj.

sos jogurtowy: 200 ml jogurtu greckiego + 1 łyżeczka posiekanej natki + 1 łyżeczka czubrzycy zielonej (lub duża szczypta suszonego cząbru, czosnku granulowanego, soli, pieprzu i suszonej natki pietruszki) – wymieszaj i odstaw na chwilę.

Papryki pokrój w grubą kostkę i skrop oliwą z pomidorów, posyp dużą szczyptą pieprzu, czosnku, papryk, soli oraz cząbru i wymieszaj, odstaw na minimum 5 minut.

Następnie smaż ok. 3–4 minuty na patelni grillowej na małym ogniu.

Pokrój suszone pomidory, posiekaj szczypiorek.

Wsyp do miski soczewicę, warzywa z patelni, szczypiorek, pomidory, orzechy i polej dressingiem bazyliowym.

Podawaj z sosem jogurtowym.

Sałatka z grillowaną cukinią i sosem z tahini (2 porcje)

- 2 cukinie
- 3 kolorowe papryki
- sałata lodowa
- 1 cebula dymka ze szczypiorkiem
- 1 czerwona cebula
- ½ szklanki świeżej mięty lub bazylii
- sól himalajska, pieprz, czosnek granulowany
- 2 ząbki czosnku
- 1 szklanka jogurtu naturalnego
- 3 łyżki tahini
- 5 łyżek soku z cytryny
- 2 łyżki oliwy

Pokrój w kostkę cukinię, czerwoną cebulę, papryki pokrój w plastry. Wymieszaj z oliwą i posyp szczyptą soli, pieprzu i czosnku granulowanego.

Smaż na patelni grillowej ok. 5 minut.

Jogurt wymieszaj z tahini, sokiem z cytryny, wyciśniętym czosnkiem i posiekaną bazylią lub miętą.

Grillowane warzywa wymieszaj z porwaną na kawałki sałatąoraz posiekaną dymką i podawaj z sosem z tahini.

Sałatka z brokułami, botwinką i sosem sezamowym (2 porcje)

- 200g filetu z indyka lub kurczaka lub w wersji wege szklanka komosy ryżowej, lub ugotowanej ciecierzycy
- 1 małe awokado
- 1 ząbek czosnku
- 1 czerwona cebula
- 1 główka ugotowanego młodego lub mrożonego brokułu
- 1 pęczek botwinki

- 1 łyżka tahini
- garść świeżej bazylii
- 1 limonka
- sól himalajska, pieprz, cząber
- 2 łyżki oliwy

Filet pokrój w kostkę, oprósz solą, pieprzem, cząbrem i skrop oliwą oraz sokiem z limonki. Usmaż na oliwie aż do zarumienienia po ok. 5 minut z każdej strony. W wersji wege pomiń ten krok.

Na łyżce oliwy zeszklij czerwoną cebulkę przez ok. 1 minutę, dodaj posiekaną botwinkę (najdelikatniejsze listki zostaw do dekoracji) i pokrojony czosnek, posól, dodaj tahini i duś kolejną minutę.

Do mięsa/ugotowanej kaszy/ciecierzycy dodaj ugotowany brokuł podzielony na części, podduszone warzywa i wymieszaj. Dodaj kawałki awokado, skrop sokiem z limonki, oprósz solą, wsyp świeżą bazylię, resztę listków botwinki i połącz składniki.

Sałatka z mozzarellą i zielonym pesto (2 porcje)

- miks sałat lub paczka szpinaku sałatkowego
- 2 kulki mozzrelli (najlepiej włoskiej z bawolego mleka) lub150 g silken tofu
- 6 suszonych pomidorów
- 2 duże dojrzałe pomidory
- odrobina soku i skórka otarta z cytryny
- opcjonalnie szczypta chili w płatkach

zielone pesto: garść bazylii lub natki pietruszki z łodyżkami + 4 łyżki prażonych orzeszków piniowych lub słonecznika + 40 g parmezanu w kawałku, ząbek czosnku – zmiel w malakserze. Dodaj 4 łyżki oliwy i ponownie wymieszaj.

Wymieszaj sałatę z pokrojonymi pomidorami świeżymi i suszonymi.

Wkrusz duże kawałki mozzarelli. Polej pesto i wymieszaj.

Posyp startą skórką z dokładnie sparzonej wrzątkiem cytryny oraz skrop sokiem, posyp płatkami chili.

Sałatka z pieczonym kalafiorem i szynką (2 porcje)

- 500 g kalafiora
- 200 g domowej szynki lub szynki parmeńskiej bez konserwantów
- 1 cebula dymka ze szczypiorkiem
- 5 dojrzałych słodkich pomidorów
- 1 awokado
- odrobina soku z cytryny
- 2 ząbki czosnku
- 1 pęczek liści botwinki, szpinaku lub 100 g szpinaku sałatkowego
- 2 łyżki orzechów włoskich
- 1 pęczek natki pietruszki lub bazylii
- 2 łyżki masła klarowanego lub oleju kokosowego nierafinowanego, albo oleju rzepakowego nierafinowanego
- sól himalajska, pieprz,

Podziel kalafior na różyczki, osusz, skrop rozpuszczonym masłem lub olejem, posyp solą, pieprzem i wyciśniętym ząbkiem czosnku. Ułóż na wyłożonej papierem do pieczenia blasze, obok połóż pokrojone w paski plastry szynki i piecz ok. 25 minut w 190°C.

Pokrój awokado, skrop sokiem z cytryny, osól, dodaj wyciśnięty ząbek czosnku. Pomidory sparz wrzątkiem, obierz ze skórki i pokrój w kostkę. Wymieszaj całość z posiekaną natką lub bazylią i liśćmi szpinaku lub botwinki.

Na warzywa wyłóż kawałki upieczonego kalafiora oraz plastry szynki i posyp orzechami.

Sałatka z komosy z pieczonymi warzywami i sosem gruszkowym (2 porcje)

- 1 szklanka komosy ryżowej ugotowanej i wystudzonej w lodówce
- 1 pęczek natki pietruszki
- 1 szklanka rukoli
- 200 g kawałków kurczaka lub w wersji wege wędzonego tofu
- 2 łyżki pestek dyni
- 2 pietruszki
- 1 marchewka
- 1 mała bulwa selera
- sól himalajska, pieprz, ostra i słodka papryka, czosnek granulowany, tymianek suszony

sos gruszkowy: 1 gruszka + 1 łyżka musztardy + 1 łyżka soku z cytryny + 2 łyżki oliwy + pieprz, sól himalajska + 2 łyżki posiekanej natki – wszystko zmiksuj.

Obierz marchew, pietruszkę oraz selera i pokrój w słupki. Skrop łyżką oliwy, dużą szczyptą soli, czosnku, pieprzu, tymianku i papryki, wymieszaj. Zostaw na 15 minut.

Warzywa przesyp na wyłożoną papierem do pieczenia blachę, włącz termoobieg na 200°C i piecz ok. 20 minut.

Kawałki mięsa lub tofu przypraw solą, pieprzem i papryką, polej łyżką oliwy i usmaż na rumiano przez ok. 4 minuty.

Do kaszy dodaj mięso/tofu, upieczone warzywa, posiekaną natkę i rukolę. Delikatnie wymieszaj.

Obiady

Propozycje obiadów to wariacje na temat mięsa, ryb i warzyw oraz ich odpowiedniki w wersji wege. Chciałabym, aby te przepisy były dla Was inspiracją do tworzenia własnych kompozycji kulinarnych. Nie trzymajcie się ich kurczowo. Modyfikujcie i przyprawiajcie pod kątem swoich preferencji smakowych. Pamiętajcie, że przepisy są po to, aby je łamać, więc Wasza wyobraźnia na pewno podpowie Wam nowe kombinacje.

Podczas stosowania diety w celu redukcji wagi polecam ominąć dodatek węglowodanowy (kasza, makaron, ryż) i bazować na białku z mięsa, ryb, nasion strączkowych, warzyw. Dzięki temu redukcja wagi będzie bezpieczna i skuteczna.

Zupy

Rozgrzewająca zupa pomidorowa z awokado (4 porcje)

- ½ szklanki komosy ryżowej lub kaszy pęczak
- 5 dużych świeżych pomidorów lub pomidory ze słoika w zalewie naturalnej
- 1 awokado
- odrobina soku z cytryny
- 1 łodyga selera naciowego
- kawałek pora
- 2 ząbki czosnku
- 1 pęczek świeżej bazylii
- 1 łyżka oleju kokosowego nierafinowanego
- po dużej szczypcie soli himalajskiej, pieprzu czarnego, kurkumy, pieprzu cayenne, słodka papryka, czarnuszka

Wypłucz komosę/kaszę i gotuj ze szczyptą soli himalajskiej ok. 10–20 minut (pęczak wymaga dłuższego czasu gotowania). Następnie ostudź i ewentualnie wychłodź w lodówce lub ugotuj dzień wcześniej i przechowaj w lodówce (zapewni to mniejszy indeks glikemiczny kaszy).

Na patelnię wlej olej kokosowy, dodaj pokrojonego pora, czosnek i podsmaż ok. 2 minuty. Następnie dodaj kurkumę, paprykę, pieprz czarny i cayenne, sól i wymieszaj. Dodaj pokrojone pomidory, selera i przesmaż ok. 2 minuty.

Wlej 1 szklankę wody i gotuj zupę ok. 10 minut.

Zupę podawaj z porcją ugotowanej komosy/kaszy oraz kawałkami awokado skropionymi sokiem z cytryny, posypaną obficie bazylią.

Tradycyjna jarzynowa z czerwoną soczewicą (4 porcje)

- 500 g warzyw: fasolki szparagowej, batata, brukselki, kalafiora, selera w korzeniu, pietruszki, zielonego groszku
- 1 por
- 2 łodygi selera naciowego
- 700 ml bulionu warzywnego
- ½ szklanki soczewicy czerwonej ugotowanej dzień wcześniej w małej ilości wody i schłodzonej
- opcjonalnie 200 ml mleczka kokosowego
- 1 pęczek natki pietruszki
- 2 łyżki masła klarowanego lub oliwy, oleju rzepakowego
- sól himalajska, pieprz

Zeszklij na oliwie posiekanego pora przez 2 minuty, dodaj szczyptę soli, pieprzu, seler naciowy i smaż ok. 2 minuty.

Do gotującego się bulionu wrzuć pokrojone warzywa, dodaj pora i selera z patelni. Gotuj ok. 20 minut.

Następnie dolej mleczko kokosowe, dodaj ugotowaną wcześniej soczewicę i gotuj jeszcze 3 minuty.

Podawaj posypane natką pietruszki.

Zupa rybna z papryką (4 porcje)

- 200 g ryby: dorsza, łososia, pstrąga
- 1 szklanka białego wina
- 3 rodzaje kolorowych papryk
- 1 czerwona cebula
- 2 ząbki czosnku
- 5 dojrzałych pomidorów bez skórki lub krojonych z zalewy naturalnej
- 2 łyżki oliwy lub oleju rzepakowego
- sól himalajska, pieprz, oregano, liść laurowy, ziele angielskie, przyprawa bulionowa eko
- świeża natka lub koperek

Na oliwie zeszklij posiekaną cebulkę, dodaj pokrojone pomidory, papryki i czosnek. Duś ok. 10 minut. Przypraw do smaku. Zalej litrem wody, dodaj przyprawę do bulionu, liść, ziele angielskie. Wlej wino i gotuj ok. 30 minut. Na koniec dorzuć rybę i gotuj jeszcze 5 minut. Podawaj posypane zieleniną.

Zupa z pomidorów i ciecierzycy z rozmarynem (4 porcje)

- 6 świeżych pomidorów bez skórki (mogą być z puszki)
- 4 suszone pomidory
- 1 gałązka rozmarynu
- 2 ząbki czosnku
- 1 cebula
- pieprz czarny, sól morska
- puszka ciecierzycy
- 1 litr bulionu warzywnego
- natka pietruszki lub kolendra do posypania
- 1 łyżka oliwy lub masła klarowanego

Cebulę pokrój w piórka i zeszklij, dodaj pokrojone pomidory i starty czosnek. Podsmaż 3 minuty.

Dodaj pokrojone suszone pomidory, zalej bulionem z gałązką rozmarynu i gotuj 15–20 minut.

Wyjmij rozmaryn, a zupę zmiksuj. Dodaj ugotowaną wcześniej i wystudzoną w lodówce ciecierzycę i zagotuj 5 minut.

Podawaj ze świeżą natką/kolendrą.

Zupa pieczarkowa ze szpinakiem (4 porcje)

- 200 g pieczarek
- 1 duża cebula lub por
- 2 łodygi selera naciowego
- 200 g paczka szpinaku sałatkowego baby
- 2 ząbki czosnku
- garść ulubionych kiełków, np. brokułowych
- garść świeżej bazylii
- 1 litr bulionu warzywnego
- 200 ml mleczka kokosowego z puszki
- sól himalajska, pieprz czarny
- 2 łyżki oliwy lub oleju rzepakowego lub kokosowego

Na oliwie zeszklij pora/cebulkę przez 2 minuty, posól, dodaj pieprz. Dorzuć pieczarki oraz posiekanego selera i smaż na małym ogniu ok. 5 minut.

Następnie dodaj pokrojony czosnek, szpinak i duś pod przykryciem ok. 4 minuty.

Zagotuj bulion, dodaj warzywa z patelni, mleczko kokosowe i gotuj ok. 10 minut. Na koniec posyp kiełkami i bazylią.

Zupa z kolorowych warzyw z batatem (4 porcje)

- 1 batat
- 1 por z zieloną częścią
- 4 kolorowe papryki
- opcjonalnie papryczka chili
- 1 czerwona cebula
- 1 cukinia
- 3 duże słodkie pomidory
- 200 ml mleczka kokosowego
- 800 ml bulionu warzywnego
- sól himalajska, pieprz czarny, oregano, cząber, świeże ząbki czosnku
- natka pietruszki do posypania
- 2 łyżki oliwy

Do garnka wlej bulion, dorzuć pokrojony batat, po 1 łyżce ziół i gotuj ok. 15 minut. Możesz też ugotować wcześniej batat na parze i schłodzić, co obniży jego indeks glikemiczny. Dodaj go wtedy na końcu z mleczkiem kokosowym.

Na patelnię wlej oliwę, wrzuć posiekanego pora, cebulę pokrojoną w krążki, posiekany czosnek, lekko posól, posyp pieprzem i duś ok. 2 minuty.

Dorzuć pokrojone grubo kawałki papryki, cukinię, drobno posiekane chili i przesmaż na małym ogniu ok. 5 minut, mieszając.

Następnie dodaj pokrojone pomidory, duś jeszcze 4 minuty i całość warzyw z patelni wrzuć do garnka z gotującym się batatem. Wymieszaj, dolej mleczko kokosowe i gotuj jeszcze 5 minut. Podawaj posypane natką pietruszki.

Zupa dahl z soczewicy z kolendrą (4 porcje)

- 800 g obranych pomidorów bez skórki lub pomidorów z puszki
- 2 czerwone papryki
- 1 por
- 1 czerwona cebula
- 2 łodygi selera naciowego

- ½ szklanki czerwonej soczewicy
- kumin, mielona kolendra, ostra i słodka papryka w proszku, świeży imbir, świeży czosnek, pieprz, sól himalajska
- 200 ml bulionu warzywnego
- 2 łyżki oliwy
- garść kolendry lub natki pietruszki

Na patelnię wlej olej, dodaj pokrojonego pora i cebulę, po dużej szczypcie soli oraz pieprzu i zeszklij przez 2 minuty.

Dopraw łyżeczką każdej z przypraw, wymieszaj, wrzuć pokrojonego selera, pomidory, paprykę, 2 ząbki czosnku i przesmaż przez ok. 5 minut, mieszając.

Przełóż zawartość patelni do rondla, wlej bulion i gotuj ok. 20 minut.

Dodaj ugotowaną wcześniej i ewentualnie schłodzoną w lodówce soczewicę (ten zabieg obniży jej indeks glikemiczny) i podgrzej razem ok. 5 minut.

Podawaj posypane zieleniną.

Wariacje na temat curry

Tajskie curry z owocami morza (2 porcje)

- 300 g polędwiczek z dorsza lub oczyszczonych krewetek świeżych lub mrożonych lub w wersji wegańskiej 200g tofu
- 200 ml mleczka kokosowego z puszki
- 200 ml bulionu warzywnego
- 1 cebula dymka ze szczypiorkiem
- 1 żółta papryka
- kilka gałązek świeżej kolendry
- odrobina soku z cytryny lub limonki
- 2 łyżki oleju kokosowego nierafinowanego
- 1 pęczek zielonych szparagów lub 200 g fasolki szparagowej zielonej
- 2 łodygi selera naciowego

- 2 ząbki czosnku
- pasta curry, kurkuma, świeży imbir ok. 2 cm, trawa cytrynowa ok. 3 cm, pieprz, sól himalajska, opcjonalnie 3 liście kafiru

Rybę lub krewetki/pokrojone tofu skrop sokiem z cytryny/limonki, posyp solą, pieprzem i świeżą kolendrą.

Zeszklij na oleju przez minutę posiekaną dymkę i pora. Dopraw solą i pieprzem. Dodaj pokrojony czosnek, paprykę, starty imbir, pastę curry, łyżeczkę kurkumy, wymieszaj i przesmaż przez chwilę.

Następnie wrzuć szparagi lub oczyszczoną fasolkę, pokrojony seler naciowy, zalej bulionem i gotuj do miękkości ok. 5–10 minut.

Wlej mleczko kokosowe, rybę lub krewetki, dodaj rozbitą tłuczkiem trawę i ewentualnie liście kafiru i duś ok. 5 minut na małym ogniu.

Podawaj posypane świeżą kolendrą.

Delikatne tajskie curry (2 porcje)

- 300 g filetu z kurczaka lub indyka lub w wersji wege naturalnego tofu
- 2 ząbki czosnku
- 1 ostra papryczka
- 1 pęczek zielonych szparagów lub 200 g fasolki szparagowej
- 1 por
- sok z połowy i skórka otarta z całej cytryny
- 1 łyżka łagodnej pasty curry
- 200 ml mleka kokosowego
- 100 ml bulionu warzywnego
- 1 pęczek szczypiorku lub świeżej kolendry
- sól himalajska, pieprz, ostra i słodka papryka, opcjonalnie trawa cytrynowa
- 2 łyżki oleju kokosowego lub oliwy
- 2 łyżki orzeszków ziemnych

Filet/tofu pokrój w plastry, posyp solą, pieprzem, papryką i skrop oliwą oraz sokiem z cytryny. Odstaw na 10–15 minut.

Na patelnię wlej olej, wrzuć mięso/tofu, pokrojonego pora, posiekaną papryczkę, dopraw solą i smaż ok. 5 minut na małym ogniu.

Dodaj pastę curry, pokrojony czosnek, szparagi lub fasolkę, zalej bulionem i duś ok. 10 minut.

Dorzuć kawałek trawy cytrynowej lub skórkę otartą z cytryny, wlej mleko i duś ok. 5 minut.

Dodaj orzeszki, posiekaną zieleninę i wymieszaj. Podawaj z komosą ryżową lub inną grubą kaszą ewentualnie ugotowaną wcześniej i przechowywaną w lodówce przed podgrzaniem, co zmniejszy jej indeks glikemiczny.

Curry z krewetkami (2 porcje)

- 300 g krewetek mrożonych lub surowych oczyszczonych z pancerzy (możesz zastąpić filetem z drobiu) lub w wersji wege 300 g naturalnego tofu
- 1 czerwona cebula
- 3 dojrzałe pomidory lub puszka krojonych
- 1 żółta papryka
- kawałek świeżego pepperoni lub chili
- świeża natka lub kolendra
- zielona pasta curry lub suszone garam masala, świeży czosnek
- 50 ml mleczka kokosowego
- 2 łyżki oliwy

marynata: 3 łyżki jogurtu greckiego + sól himalajska + pieprz + 2 starte ząbki czosnku + szczypta chili + 2 łyżeczki soku z limonki + kawałek startego imbiru – dokładnie wymieszaj.

Zamarynuj krewetki przez noc w lodówce.

Na oliwie zeszklij cebulkę, dodaj pokrojone papryczki i przyprawy, następnie czosnek i duś 3 minuty. Dorzuć pomidorki i duś ok. 10 minut.

Na koniec dodaj krewetki z marynaty, wlej mleczko kokosowe, dopraw i duś jeszcze 3–4 minuty.

Podawaj posypane świeżą kolendrą lub natką.

Curry z kalafiorem i czarnuszką (2 porcje)

- 500 g kalafiora
- 1 cukinia
- 1 duża biała cebula
- 1 por
- 1 dymka ze szczypiorkiem
- opcjonalnie 1 ostra papryka
- 2 ząbki czosnku
- 2 łyżeczki masła orzechowego
- sól himalajska, pieprz, cynamon, kolendra, kminek, gorczyca, imbir suszony
- 200 ml mleczka kokosowego
- 200 ml bulionu warzywnego
- świeża kolendra lub natka pietruszki
- 2 łyżki oleju kokosowego
- 1 łyżeczka czarnuszki

Rozgrzej olej na głębokiej patelni, dodaj po szczypcie suszonej kolendry, gorczycy, imbiru, cynamonu, kminku i przesmaż ok. 1 minutę.

Dodaj pokrojoną cebulę, pora i przesmaż kolejną minutę. Następnie wrzuć cząstki kalafiora, pokrojoną cukinię, chili, bulion i gotuj ok. 10 minut. Dodaj masło orzechowe, mleczko kokosowe i duś ok. 5 minut.

Na koniec posyp świeżymi posiekanymi ziołami i uprażoną na suchej patelni czarnuszką.

Curry z ciecierzycą i kuskusem z kalafiora (4 porcje)

- 1 słoik ciecierzycy w zalewie lub 1 szklanka ugotowanej wcześniej i wychłodzonej w lodówce
- 1 batat
- 1 żółta papryka
- 1 czerwona papryka
- 1 czerwona cebula
- 2 szklanki różyczek brokułu

- 1 szklanka surowego kalafiora rozdrobnionego w malakserze na drobne kawałeczki
- 2 ząbki czosnku
- 1 cm imbiru
- 2 łyżki oliwy
- 200 ml mleczka kokosowego
- ulubiona zielenina: świeża kolendra lub natka
- pasta curry, płatki chili, kumin, ostra i słodka papryka
- 1 łyżka sezamu
- 1 szklanka bulionu warzywnego

Batat dokładnie wyszoruj i pokrój w skórce w grubą kostkę.

Na patelnię wlej olej, wsyp dużą szczyptę słodkiej i ostrej papryki, kuminu, posiekany imbir, sól, dorzuć bataty i smaż na rumiano, mieszając, ok. 2–3 minuty.

Dodaj pokrojoną paprykę, cebulę, czosnek i przesmaż jeszcze 2 minuty.

Wlej ciecierzycę z zalewą, mleczko kokosowe, łyżkę pasty curry, wymieszaj, dodaj płatki chili do smaku i duś na małym ogniu ok. 20 minut. Na koniec wrzuć brokuły i duś jeszcze 5 minut.

Zalej kalafiora szklanką bulionu i gotuj w głębokim rondelku 5–6 minut. Następnie dodaj sezam i 2 łyżki posiekanej natki, szczyptę pieprzu i wymieszaj.

Podawaj posypane obficie zieleniną.

Paprykowe curry z indykiem (2 porcje)

- 250–300 g filetu z indyka lub w wersji wege ugotowana wcześniej i wychłodzona w lodówce ciecierzyca
- 3 kolorowe papryki
- 1 papryczka chili
- 2–3 pomidory pokrojone bez skórki lub pomidory krojone w puszcze
- 1 fenkuł
- 1 czerwona cebula
- 100 ml mleczka kokosowego
- 2–3 łyżeczki masła klarowanego lub oliwy lub oleju kokosowego
- curry, chili, kurkuma, ostra i słodka papryka, kolendra, mielony imbir, pieprz czarny
- pęczek świeżej kolendry lub bazylii/natki pietruszki

Indyka pokrojonego w kostkę/ciecierzycę obtocz w suchych przyprawach i przesmaż na oliwie z czerwoną cebulą ok. 5–8 minut.

Dodaj pokrojone papryki, fenkuł (bez twardego środka), pomidory i duś ok. 15 minut do miękkości mięsa.

Podlej mleczkiem kokosowym, przypraw i duś ok. 10 minut. Podawaj posypane ziołami.

Podawaj z **sałatką wiosenną z zielonym sosem** (2 porcje):

- 2 małe sałaty rzymskie lub mała sałata lodowa
- 1 marchewka
- 1 ogórek
- 1 czerwona papryka
- 1 czerwona cebula
- 1 szklanka rukoli lub roszponki
- 1dymka ze szczypiorkiem
- 1 szklanka rzeżuchy lub posiekanej natki pietruszki
- 1 łodyga selera naciowego
- 1 łyżka oliwy
- 1limonka

zielony sos jogurtowy: 200 ml jogurtu naturalnego + kilka gałązek drobno posiekanej świeżej natki lub kolendry + sok z 1 limonki + szczypta soli, pieprzu + 1 łyżeczka oliwy – delikatnie wymieszaj.

Pokrój warzywa w paski, kostkę lub plastry, marchewkę i czerwoną cebulkę zetrzyj na tarce, selera posiekaj.

Wymieszaj z ziołami, polej 1 łyżką oliwy i sokiem z ćwiartki limonki.

Sałatkę podawaj z sosem jogurtowym.

Potrawy z ryb

Zapiekany łosoś w sosie kokosowym z batatem i szparagami (2 porcje)

- 300 g filetu z łososia lub dorsza
- 250 g zielonych szparagów lub fasolki szparagowej
- 200 g brokułów
- 1 batat (ok. 150 g)
- 1 łyżeczka rozgniecionego siemienia lnianego
- 1 czerwona cebula
- 1 por
- opcjonalnie 2 ząbki czosnku
- 200 ml mleczka kokosowego
- 1 pęczek koperku
- sól himalajska, pieprz
- 1 łyżka otartej skórki i sok z całej cytryny
- 2 łyżeczki oleju kokosowego

Podziel rybę na kawałki, skrop sokiem z cytryny, posyp solą i pieprzem.

Batat pokrój w cienkie plasterki, skrop oliwą i posyp wyciśniętym czosnkiem, brokuł podziel na różyczki. Szparagi lub fasolkę oczyść, odkrój od szparagów twarde końce.

Na oleju zeszklij pokrojonego pora i cebulę ok. 1 minutę. Dodaj brokuły, szparagi, plastry batata i posyp solą oraz pieprzem. Podsmaż ok. 2 minuty pod przykryciem.

Dolej mleczko kokosowe, dodaj skórkę otartą z cytryny, połowę posiekanego koperku i siemię, duś ok. 5 minut.

Do naczynia żaroodpornego wyłóż warzywa z mleczkiem kokosowym, na to kawałki ryby, posyp pieprzem i zapiekaj ok. 10 minut w 180°C.

Podawaj posypane koperkiem.

Łosoś pieczony z warzywami salsa verde z suszonymi pomidorami (4 porcje)

- 300 g łososia bez ości lub innej dowolnej ryby
- 1 cytryna pokrojona w grube plastry + sok z 1 cytryny
- ok. 700 g warzyw: batat, seler bulwa, korzeń pietruszki
- 300 g pomidorków koktajlowych
- 1 pęczek zielonych szparagów
- 2 cebule dymki ze szczypiorkiem
- 1 główka sałaty lodowej
- sól himalajska, pieprz, cząber lub czubryca zielona
- świeża mięta
- świeża bazylia
- 1 pęczek natki pietruszki
- 4 ząbki czosnku
- 6 suszonych pomidorów w oliwie
- oliwa z oliwek
- musztarda Dijon
- 2 łyżki kaparów z octu
- 2 ogórki kiszone

zielony sos salsa verde z suszonymi pomidorami: do malaksera wrzuć 1 szklankę liści bazylii, pęczek natki, 2 ogórki, łyżkę musztardy Dijon, kapary, suszone pomidory, 2 ząbki czosnku i 3–4 łyżki oliwy z pomidorów. Zmiksuj na gładki sos.

Warzywa ugotuj na parze z dodatkiem gałązek mięty, ostudź, włóż do lodówki na minimum godzinę lub ugotuj poprzedniego dnia (w ten sposób obniżysz ich indeks glikemiczny).

Podziel rybę na 4 kawałki, posyp cząbrem/czubrycą, pieprzem i skrop oliwą i sokiem z cytryny. Zostaw na 15 minut do zamarynowania.

Przygotuj sos salsa verde według podanego przepisu.

Wyjęte z lodówki warzywa pokrój na mniejsze części (słupki, ćwiartki). Przełóż do naczynia żaroodpornego, posyp solą, pieprzem, cząbrem.

Na wierzchu ułóż kawałki ryby, zielone szparagi bez twardych końców, pomidorki koktajlowe pokrojone w ćwiartki (ok. 200 g), grube plasterki cytryny oraz pokrojone wzdłuż 2 dymki ze

szczypiorkiem. Posyp pokrojonym czosnkiem, skrop łyżką oliwy i wstaw do piekarnika w naczyniu żaroodpornym na 15 minut w 200°C.

W misce wymieszaj porwaną na kawałki sałatę z garścią liści mięty, pokrojonymi pomidorkami (100 g) oraz polej sosem salsa verde.

Warzywa i rybę podawaj z sałatą.

Łosoś z kaszą na kolorowo (2 porcje)

- 300 g fileta z łososia lub dorsza, halibuta, soli bez ości
- ½ szklanki komosy ryżowej lub kaszy pęczak, jęczmiennej
- 1 czerwona cebula
- 1 por
- 200 g kapusty włoskiej
- 1 batat
- 1 pietruszka
- 2 łodygi selera naciowego
- sól himalajska, pieprz, tymianek, cząber
- 2 łyżki oliwy lub oleju rzepakowego nierafinowanego
- 500 ml bulionu warzywnego
- sok z 1 cytryny lub limonki
- 1 pęczek szczypiorku, natki lub koperku

Podziel rybę na porcje, skrop sokiem cytrusowym, polej odrobiną oliwy, posyp solą, pieprzem, tymiankiem i odstaw. Kapustę, batat, pietruszkę i seler pokrój drobno.

Kaszę wypłucz w wodzie.

Na głęboką patelnię wlej 2 łyżki oliwy, dodaj pokrojoną drobno cebukę oraz pora i zeszklij przez ok. 1 minutę. Wsyp szczyptę soli, pieprzu i warzywa. Przesmaż całość ok. 3 minuty, mieszając. Następnie dodaj kaszę, ponownie przesmaż ok. 2 minuty

Zalej całość bulionem, dodaj dużą szczyptę oregano, cząbru i gotuj na małym ogniu ok. 10–20 minut zależnie od używanej kaszy. Następnie schłodź całość w lodówce i odgrzej przed podaniem, aby zmniejszyć indeks glikemiczny.

Rybę grilluj po 2 minuty z każdej strony.

Podawaj rybę na kaszy z warzywami, skropioną sokiem z cytryny/limonki. Posyp ulubioną zieleniną.

Podawaj z **sałatką z kolorowych pomidorów:**

- 300 g kolorowych pomidorów
- 1 miękkie awokado
- 100 g świeżego szpinaku lub rukoli
- 1 łyżeczka nasion kopru włoskiego uprażonych na suchej patelni
- 2 łyżki oliwy
- tymianek i oregano suszone lub świeże, cząber/czubryca zielona, sól himalajska, pieprz
- 1 łyżka kaparów
- mały ząbek czosnku
- garść świeżej bazylii
- 1 limonka

Pomidorki pokrój w ćwiartki, oprósz dużą szczyptą ziół, nasion kopru włoskiego i polej oliwą.

Dodaj garść bazylii i szpinak/rukolę, wymieszaj.

Na wierzch połóż kawałki awokado, skrop je sokiem z limonki, dodaj wyciśnięty czosnek, oprósz solą i pieprzem. Posyp kaparami i wymieszaj.

Łosoś pieczony z paprykami (2 porcje)

- 300 g filetu z łososia lub innej dowolnej ryby bez ości
- 4 cebule dymki ze szczypiorkiem
- 2 czerwone papryki
- 1 żółta papryka
- 2 ząbki czosnku
- 2 łodyżki świeżych ziół: tymianku/oregano, ewentualnie 1 łyżka suszonych
- sól himalajska, pieprz
- 2 łyżki oliwy
- 1 limonka

Papryki pokrój w grube plastry, dymkę posiekaj, przypraw solą, pieprzem, skrop 2 łyżkami oliwy, dodaj wyciśnięty czosnek i wymieszaj.

Na wierzchu ułóż rybę skórą do dołu i natrzyj ją warzywami z oliwą, skrop sokiem z limonki. Posyp ziołami i wstaw do piekarnika.

Piecz 20 minut w 180°C. Po upieczeniu zdejmij skórę z ryby i posyp ją świeżymi ziołami.

Podawaj z **sałatką z cukinii i marchewki** (2 porcje):

- 1 mała cukinia
- 3 dojrzałe pomidory
- 1 mała marchewka
- 1 ząbek czosnku
- 1 mała łagodna papryczka chili
- sok z ćwiartki cytryny
- 1 pęczek bazylii lub natki pietruszki
- 1 dymka ze szczypiorkiem
- sól himalajska, pieprz
- 2 łyżki oliwy

Cukinię i marchewkę obierz obieraczką na wstążki.

W miseczce wymieszaj 2 łyżki oliwy z sokiem z cytryny, wrzuć posiekane chili, dymkę ze szczypiorkiem, posiekaną bazylię/natkę, wyciśnięty czosnek, dużą szczyptę soli oraz pieprzu i wymieszaj.

Warzywa wymieszaj z sosem z miseczki, dodaj pokrojone pomidory.

Żółte papryki zapiekane z łososiem (4 porcje)

- 1 duży por
- 1 szklanka startej cukinii
- 4 duże żółte papryki
- 50 g sera feta
- 1 ząbek czosnku lub łyżeczka czosnku niedźwiedziego
- 100 g łososia lub pstrąga, dorsza bez ości i skóry lub w wersji wege wędzone lub naturalne tofu
- 1 jajko lub 1 łyżeczka mielonego siemienia lnianego wymieszanego z dwiema łyżkami wody

- sól himalajska, pieprz, oregano, tymianek
- sok z 1 cytryny
- 2 łyżki oliwy

Przekrój papryki na 8 połówek, skrop oliwą, oprósz solą, pieprzem i nakłuj w paru miejscach. Skrop sokiem z cytryny i przypraw tymiankiem i oregano.

Na łyżce oliwy podduś pod przykryciem grubo posiekanego, osolonego pora i drobno startą cukinię ok. 2–3 minuty.

Przełóż warzywa do miski, a na pozostałej oliwie usmaż rybę przez 3 minuty. Przełóż do miski z porem i rozdrobnij widelcem.

Wkrusz fetę, dodaj wyciśnięty ząbek czosnku, roztrzepane jajko i delikatnie wymieszaj.

Papryki nafaszeruj warzywami z rybą. Przełóż do formy żaroodpornej z pokrywką i piecz ok. 30 minut w 180°C. Na koniec zdejmij pokrywkę i dopiecz przez ok. 5 minut.

Łosoś bazyliowy z salsą paprykowo-pomidorową i oliwkami (2 porcje)

- 2 filety z łososia (po 150 g każdy)
- 2 łyżki bazyliowego pesto
- 1 duża czerwona papryka
- 1 cebula
- 10 oliwek
- 5 świeżych pomidorów bez skórki lub krojonych w zalewie
- świeży imbir, sól himalajska lub morska, garam masala, pieprz czarny
- 1 limonka
- 100 g rukoli

Łososia zamarynuj w pesto wymieszanym z sokiem z limonki przez ok. 15–30 minut.

Przygotuj salsę: pokrój cebulkę oraz paprykę i podsmaż na łyżce oliwy przez 5–8 minut, dodaj pokrojone pomidory, przyprawy i duś ok. 5 minut. Na koniec dorzuć oliwki i duś jeszcze 2 minuty.

Łososia grilluj na patelni po 3 minuty z każdej strony i podawaj na rukoli z salsą paprykową.

Łosoś na ostro z warzywami (2 porcje)

- 2 kawałki łososia lub innej ulubionej ryby (po ok. 180 g każdy)
- 1 cukinia ze skórką
- 1 bakłażan ze skórką
- 1 marchewka
- 2 cebule
- 3 kolorowe papryki
- 2 pomidory lub puszka z zalewy bez skórki
- 2 łyżki oliwy
- świeża bazylia
- kawałek pora
- 2–3 ząbki czosnku
- 1 łyżka sezamu

marynata do ryby: 2 łyżki soku z limonki + 1 łyżka miodu + 1 łyżka ostrej papryki + szczypta pieprzu cayenne + 1 łyżka oliwy + szczypta pieprzu czarnego – wymieszaj

Rybę zamarynuj i odstaw.

Bakłażana pokrój w plastry i osól. Po 10 minutach spłucz i pokrój w kosteczkę.

Na patelni rozgrzej oliwę. Zeszklij cebulkę, a następnie dorzuć bakłażana, papryki pokrojone w kostkę, cukinię, marchewkę oraz pora w plastrach i, mieszając, przesmaż na oliwie ok. 10 minut. Przypraw solą i pieprzem, w razie potrzeby dolej wodę. Dorzuć pokrojone w kostkę pomidory, czosnek i duś kolejne 10 minut. Na koniec posyp sezamem i świeżą bazylią.

Grilluj łososia po ok. 3 minuty z każdej strony, podawaj z ciepłymi warzywami.

Łosoś w majeranku i zielonej herbacie z wiosenną sałatką z selera (2 porcje)

- 350 g łososia bez ości lub innej ulubionej ryby, np. makreli
- 1 łyżka majeranku
- 1 łyżeczka zmielonej zielonej herbaty
- sól himalajska, pieprz
- 2 łyżki oliwy lub oleju kokosowego
- sok z 1 cytryny

Rybę pokrój w grube paski, skrop sokiem z cytryny.

Do miseczki wsyp rozgnieciony w palcach majeranek oraz zieloną herbatę i dużą szczyptę soli himalajskiej i pieprzu, wymieszaj.

Obtocz filety w przyprawach, dokładnie je wklepując.

Na patelni rozgrzej olej i smaż rybę z obu stron ok. 3 minuty, aż mięso się zetnie.

Podawaj z **sałatką selerową z ciecierzycą**:

- 1 paczka szpinaku lub roszponki/rukoli/sałaty lodowej (ok. 150 g)
- 1 szklanka ugotowanej i wystudzonej w lodówce ciecierzycy lub ze słoika z zalewy naturalnej
- sok z połowy cytryny i skórka z niej otarta
- opcjonalnie 50 g sera feta
- 2 łodygi selera naciowego
- 1 czerwona cebulka
- 2 duże dojrzałe pomidory
- 1 ogórek zielony
- 10 oliwek czarnych lub zielonych
- 1 cytryna
- 1 pęczek natki pietruszki
- świeża mięta
- sól himalajska, pieprz, oregano suszone lub świeże
- 2 łyżki oliwy
- 2 łyżki orzechów włoskich lub pestek dyni/słonecznika

Posiekaj na drobne plasterki selera, cebulę i ogórka. Wrzuć do miski, wymieszaj, skrop sokiem z połowy cytryny oraz posyp skórką otartą z niej.

Dodaj posiekane liście mięty oraz natki i wymieszaj z warzywami. Wsyp szpinak, pokrojone w kostkę pomidory, ciecierzycę, oliwki i polej oliwą. Dodaj pokruszoną fetę i posyp dużą szczyptą oregano.

Posyp całość orzechami lub pestkami.

Dorsz z warzywami na parze (2 porcje)

- 2 filety z dorsza (ok. 300 g)
- 4 ząbki czosnku
- 1 pęczek natki pietruszki lub świeżej kolendry
- sól himalajska, pieprz czarny, czubryca zielona, liść laurowy, ziele angielskie
- 1 łyżka oleju rzepakowego
- świeża mięta lub tymianek/bazylia
- 100 ml jogurt greckiego
- warzywa: cukinia, fasolka szparagowa, brokuły, kalafior (ok. 500 g)
- sok z 1 cytryny lub limonki
- 1 pęczek koperku

marynata do ryby: czosnek utrzyj z solą i natką oraz łyżką oleju

sos do warzyw: miętę posiekaj, wymieszaj z jogurtem i wyciśniętym ząbkiem czosnku, dopraw solą i pieprzem

Do garnka parowego wlej wodę, dodaj liście laurowe, ziele angielskie, 4 pokrojone plastry limonki ze skórką, świeży koperek.

Warzywa podziel na mniejsze kawałki lub pokrój na plastry, przypraw czubrycą. Ułóż na nich zamarynowaną rybę skropioną sokiem z cytryny/limonki.

Gotuj na parze ok. 15–20 minut.

Podawaj na ciepło z sosem miętowym.

Dorsz na szparagach (2 porcje)

- 250 g filetu z dorsza
- 250 g zielonych szparagów z odkrojonymi twardymi końcówkami (ok. 5 cm)
- 1 łyżka sezamu
- 1 limonka
- sól morska, pieprz czarny

dressing pomidorowy: obrany i pokrojony pomidor + 4 czarne oliwki + 3 łyżki posiekanej natki lub kolendry + 1 ząbek czosnku + 2 łyżki oliwy + pieprz czarny – wszystkie składniki zmiksuj na gładko.

Skrop dorsza limonką, posyp solą i pieprzem i odstaw na kilka minut.

Ugotuj szparagi 4 minuty na parze.

Przełóż rybę i szparagi na patelnię grillową, skrop oliwą i smaż ok. 3 minuty z obu stron.

Przed podaniem posyp szparagi sezamem, połóż na nich rybę i polej sosem.

Podawaj z **sałatką z kiełkami fasolki mung** (2 porcje):

- 200 g kiełków
- 1 papryka czerwona
- 1 mango (nieprzejrzałe)
- 2 łyżki orzechów włoskich lub nerkowca
- 1 pęczek świeżej natki lub kolendry
- 1 dymka ze szczypiorkiem
- 2 łyżki oliwy lub oleju sezamowego
- 1 limonka
- sól himalajska, pieprz cayenne

Kiełki wsyp do miski, dodaj pokrojone w kostkę mango, paprykę, posiekaną dymkę ze szczypiorkiem i zieleninę.

Posyp orzechami, polej olejem, oprósz solą, pieprzem, skrop sokiem z limonki i delikatnie wymieszaj.

Dorsz w papilotach ze szparagami (2 porcje)

- 2 filety z dorsza, łososia lub pstrąga (ok. 400 g)
- 300 g zielonych szparagów (odetnij twarde końcówki)
- 1 cukinia
- pomidorki koktajlowe
- łyżeczka oliwy + wyciśnięty czosnek – wymieszaj
- 1 limonka
- 1 łyżka sezamu

salsa: 2 ząbki czosnku + papryczka chili + 1 cm świeżego imbiru + świeża kolendra lub natka pietruszki + kawałek pora – drobno siekamy i łączymy z 3 łyżkami oliwy.

Na papier do pieczenia wyłóż porcje salsy, na to szparagi oraz osolony i skropiony limonką kawałek ryby, a na wierzch ponownie porcję salsy.

Zawiń jak cukierki, związując na końcu sznurkami.

Ułóż na blasze, a obok umieść pomidorki koktajlowe i pokrojoną cukinię skropioną oliwą z czosnkiem i szczyptą soli.

Zapiekaj w 170°C ok. 25 minut. Podawaj na ciepło posypane sezamem, z surówką z selera.

Surówka z selera i gruszki (2 porcje):

- ½ bulwy selera
- 1 marchewka
- 2 kwaśne, twarde gruszki
- opcjonalnie kawałek chili
- 1 pęczek natki pietruszki
- biały ocet winny, musztarda Dijon i musztarda gruboziarnista, sól himalajska, oliwa

Warzywa i gruszkę zetrzyj na tarce na grubych oczkach lub zmiksuj w malakserze.

Wymieszaj warzywa z posiekaną natką pietruszki i opcjonalnie odrobiną chili.

Wlej łyżkę lub dwie octu winnego, 2 łyżki oliwy, dużą szczyptę soli i pieprzu, po 1 łyżce musztardy Dijon i gruboziarnistej, dokładnie wymieszaj.

Dorsz z warzywami w sosie paprykowo-pomidorowym (2 porcje)

- 400 g filetu z dorsza bez ości
- 3 pomidory dojrzałe lub z puszki krojone bez skórki
- 2 czerwone papryki
- 1 duża cebula
- 2 łyżki oliwy
- 500 g ulubionych warzyw: brokuły, kalafior, zielone szparagi, fasolka szparagowa, batat, pieczarki
- sól himalajska, pieprz, ostra i słodka papryka, czubryca zielona
- 1 pęczek natki lub koperku
- 1 limonka

Skrop rybę sokiem z limonki, posyp szczyptą soli, pieprzu i czubrzycy zielonej.

Na oliwie zeszklij posiekaną cebulę, dodaj pokrojoną paprykę, sól, pieprz i smaż ok. 1 minutę, następnie dorzuć pokrojone pomidory i duś ok. 10 minut. Przypraw łyżeczką suszonej papryki.

Grilluj rybę 3 minuty z obu stron. Podawaj na warzywach ugotowanych na parze z sosem pomidorowo-paprykowym, posypane zieleniną.

Halibut pistacjowy na dzikim ryżu (2 porcje)

- 1 szklanka dzikiego ryżu
- 300 g filetu z halibuta lub innej białej ryby bez ości
- ½ szklanki rozgniecionych świeżych pistacji lub innych orzechów
- białko jajka lub kilka łyżek jogurtu sojowego
- wiosenne warzywa ugotowane na parze: zielone szparagi lub fasolka, brokuły, papryka, kalafior, cukinia (ok. 500 g)
- 6 suszonych pomidorów
- 1 cebula dymka ze szczypiorkiem
- sól himalajska, pieprz, estragon suszony
- sok i skórka otarta z 1 cytryny

- 2 łyżki oliwy z suszonych pomidorów
- świeże zioła: natka pietruszki, bazylia

Skrop rybę sokiem z cytryny i posyp pieprzem, solą i otartą skórką z cytryny. Zanurz kawałki w roztrzepanym białku (w wersji wege – w jogurcie sojowym) i rozgniecionych pistacjach.

Piecz w rozgrzanym do 170°C piekarniku ok. 10 minut.

Ryż ugotuj zgodnie z instrukcją na opakowaniu. Następnie ostudź i ewentualnie wychłodź go w lodówce lub ugotuj dzień wcześniej i przechowaj w lodówce (zmniejszy to indeks glikemiczny).

Wymieszaj ryż z posiekanymi ziołami i suszonymi pomidorami, dodaj ugotowane na parze warzywa oraz posiekaną dymkę ze szczypiorkiem. Skrop całość oliwą.

Podawaj rybę na warzywach z ryżem.

Halibut smażony z warzywami z pietruszkowym pesto (2 porcje)

- 400 g dowolnej ryby bez ości: halibut, sola, dorsz, łosoś ze skórą lub 400 g bakłażana
- 1 fenkuł lub por
- 4 plastry dobrej jakości szynki dojrzewającej (pomiń w wersji wege)
- oliwa
- sok i skórka otarta z 1 cytryny
- sól himalajska, pieprz
- ulubione warzywa: zielone szparagi, kalafior, pietruszka, bulwa selera, brokuły (ok. 600 g)

pesto pietruszkowe: garść natki pietruszki z łodyżkami + 4 łyżki prażonych orzeszków piniowych lub pestek słonecznika + 40 g parmezanu w kawałku + ząbek czosnku – wszystko zmiel w malakserze. Dodaj 4 łyżki oliwy i ponownie wymieszaj.

Skrop rybę sokiem z cytryny, oprósz solą i pieprzem. Na patelni smaż bez tłuszczu plastry szynki, aż się zarumienią.

Kiedy wytopi się z nich tłuszcz, odsuń szynkę na bok patelni i dołóż kawałki ryby skórą do dołu. Na wierzchu ułóż drobne plastry pora lub fenkuła, posyp solą i skórką otartą z cytryny. Smaż ok. 5–8 minut, aż ryba się zetnie.

W wersji wege pokrój w plastry bakłażana, przypraw go solą, pieprzem, ostrą papryką oraz czosnkiem i usmaż go na patelni grillowej.

Warzywa pokrój i ugotuj na parze. Wymieszaj delikatnie z pietruszkowym pesto.

Podawaj bakłażana/rybę posypaną chrupiącymi chipsami z szynki z warzywami na ciepło.

Ryba pieczona na warzywach z makaronem z brązowego ryżu

- 400 g dowolnej ryby ze skórą bez ości: łososia, dorsza, halibuta
- 100 g makaronu ryżowego lub sojowego albo konjac
- przyprawa miks: wymieszaj po dużej szczypcie imbiru, kurkumy, pieprzu, ostrej i słodkiej papryki oraz kuminu
- sól himalajska, chili w płatkach, 2 łyżki sosu sojowego jasnego
- 1 limonka
- 1 czerwona papryka
- 2 czerwone cebule
- 1 dymka ze szczypiorkiem
- 4 ząbki czosnku
- 2-centymetrowy korzeń imbiru
- natka pietruszki lub świeża kolendra do posypania
- 2 łyżki oliwy
- 500 ml bulionu warzywnego

Podziel rybę na 5-centymetrowe kawałki i natnij od strony skóry.

Skrop limonką, posyp solą i miksem przypraw i wklep je, żeby dokładnie pokryły rybę. Odstaw na kilka minut.

Posiekaj czerwone cebule, paprykę, dodaj starty imbir, 2 wyciśnięte ząbki czosnku, 2 łyżki sosu sojowego, sok z połowy limonki, 2 łyżki oliwy. Zmiksuj w malakserze na gładki mus. Dodaj 3 łyżki posiekanej zieleniny i wymieszaj.

Wlej mus warzywny do naczynia do zapiekania, ułóż na wierzchu kawałki ryby skórą do góry i zanurz je w musie. Wstaw naczynie do piekarnika i piecz ok. 15 minut w 200°C.

Makaron zalej wrzącym bulionem. Odsącz po kilku minutach.

Ułóż porcję makaronu na talerzu, na to łososia z sosem i posyp zieleniną.

Fishburger z guacamole i sosem tatarskim (2 porcje)

- 2 bułki razowe
- 100 g filetu z białej ryby bez ości: mintaj, morszczuk, dorsz, sola
- 2 łyżki mąki owsianej
- 1 awokado
- 1 ząbek czosnku
- garść świeżej bazylii
- 1 sałata lodowa
- 1 słodki pomidor
- rzeżucha lub kiełki
- sól himalajska, pieprz, ostra i słodka papryka
- sok z połowy cytryny

Skrop rybę sokiem z cytryny, przypraw solą, pieprzem, papryką i dokładnie wklep przyprawy.

Oprósz rybę odrobiną mąki owsianej i smaż na rumiano na łyżce oliwy po 1 minucie z obu stron.

Widelcem rozgnieć awokado z wyciśniętym czosnkiem. Dodaj łyżkę soku z cytryny, posiekaną bazylię i dużą szczyptę soli.

Wysmaruj bułkę razową pastą z awokado, połóż liść sałaty, rybę i plaster pomidora, posyp kiełkami/rzeżuchą. Podawaj z sosem tatarskim.

sos tatarski:

- 200 ml jogurtu greckiego
- szczypta soli himalajskiej
- szczypta pieprzu
- garść natki pietruszki
- sok z połowy cytryny
- 1 łyżka kaparów
- 2 ogórki konserwowe
- 4 liście sałaty lodowej

Wszystkie składniki zblenduj na gęsty sos.

Ryba pieczona we włoskiej kapuście (2 porcje)

- 2 filety z białej ryby: halibut, dorsz, pstrąg (ok. 250–300 g)
- 1 łyżeczka kminku
- szczypta majeranku
- 2 ząbki czosnku
- sól morska, pieprzy czarny, opcjonalnie szczypta chili
- 2 łyżki oliwy
- 2 liście kapusty włoskiej
- 2 łyżki świeżej kolendry lub natki pietruszki
- 1 limonka sparzona wrzątkiem

Przygotuj marynatę: wymieszaj roztarty kminek, wyciśnięty czosnek, startą skórkę z limonki, szczyptę soli, pieprzu lub chili, majeranku oraz łyżkę oliwy i posiekanej kolendry/natki.

Filety posmaruj marynatą i odstaw na ok. 10 minut.

Umyte i osuszone liście kapusty posmaruj oliwą, ułóż na nich filety i zawiń. Ułóż na kawałku papieru do pieczenia. Delikatnie zawiń i piecz ok. 10 minut w piekarniku nagrzanym do 200°C.

Ryba w papilotach (2 porcje)

- 2 filety z dowolnej ryby (ok. 300 g)
- szczypta ostrej papryki, estragonu
- świeża bazylia
- po 2 łyżeczki sezamu białego i czarnego
- oliwa
- wybrane warzywa: kalafior, brokuły, fasolka szparagową, batat

marynata do ryby: 150 ml jogurtu greckiego + sok z połowy limonki + pieprz, sól – dokładnie wymieszaj.

salsa verde: 4 fileciki anchois + 2 łyżeczki kaparów + pęczek natki + pęczek bazylii + 3 łyżki oliwy + łyżka musztardy Dijon + 2 ząbki czosnku – składniki zmiksuj na gładki sos w malakserze.

Przygotuj 2 kawałki papieru do pieczenia w formie kwadratów lub prostokątów. Każdy z nich posmaruj porcją marynaty, następnie połóż kawałek filetu, ponownie posmaruj marynatą, dodaj ostrą paprykę, estragon, świeże listki bazylii, 2 rodzaje sezamu i skrop oliwą.

Zawiń szczelnie papiloty.

Włóż w naczyniu żaroodpornym do piekarnika nagrzanego do 180°C i piecz ok. 8–10 minut.

Warzywa (kalafior, brokuły, fasolkę szparagową, batat) ugotuj na parze, wymieszaj z salsą verde i podawaj razem z rybą,

Gołąbki rybne w jarmużu (2 porcje)

- liście jarmużu
- mielone mięso ryby np. karpia, halibuta, dorsza (ok. 200 g) lub w wersji wegańskiej 200 g wędzonego tofu
- 1 por
- 2 ząbki czosnku
- 3 łyżki migdałów w płatkach
- 10 suszonych śliwek
- oliwa lub masło klarowane
- sól himalajska, pieprz
- 3 łyżki posiekanej natki lub świeżej kolendry

Mięso ryby/zmielone tofu umieść w misce, wymieszaj z posiekaną natką pietruszki lub świeżą kolendrą.

Na łyżce oliwy lub masła zeszklij pokrojonego w kosteczkę pora oraz posiekany czosnek i delikatnie duś 1 minutę. Dodaj zawartość patelni do miski z rybą. Oprósz solą morską i pieprzem.

Dokładnie wymieszaj farsz i dorzuć migdały.

Formuj płaskie kotleciki. Dokładnie umyte liście jarmużu blanszuj 4–5 minut we wrzątku. Odsącz i podziel na mniejsze części, wysmaruj olejem wewnątrz i nałóż na każdy liść rybny kotlet. Nie zawijaj ściśle – owiń liść dookoła.

Ułóż w piekarniku na papierze do pieczenia posmarowanym oliwą i piecz ok. 10 minut.

Ryba w kruszonce kokosowej (2 porcje)

- 2 filety z dorsza bez ości (350–400 g)
- sok z połowy cytryny oraz sok i skórka otarta z ćwiartki
- 4 czubate łyżki wiórków kokosowych zmielonych z łyżeczką świeżego lub suszonego rozmarynu
- 2 łyżki orzeszków piniowych
- 6 suszonych pomidorów
- 1–2 ząbki czosnku
- sól himalajska, pieprz, nasiona kopru włoskiego lub kminku, tymianek
- 2 łyżki oliwy z suszonych pomidorów
- ½ pęczka świeżej bazylii
- 1 łyżka oliwy

Na dno formy żaroodpornej wlej łyżkę oliwy, wsyp dużą szczyptę nasion kopru lub kminku, dużą szczyptę tymianku.

Połóż filety skórą do góry, wmasuj w nie oliwę z przyprawami z dna formy, następnie przewróć, skrop sokiem z ćwiartki cytryny i oprósz pieprzem.

Piecz w 180°C ok. 5 minut

Zblenduj pomidory z czosnkiem i 2 łyżkami oliwy oraz skórką z ćwiartki cytryny i sokiem z połowy. Dodaj pół pęczka bazylii z łodygami, orzechy piniowe i zmiksuj na pastę.

Na ciepłą rybę nałóż porcję pasty, rozsmarowując po długości filetu.

Posyp wiórkami zmielonymi z łyżeczką rozmarynu.

Wstaw rybę ponownie do piekarnika i zapiekaj jeszcze 25 minut.

Podawaj z **sałatą z sosem tatarskim** (2 porcje):

- 4 łodyżki świeżej natki
- 2 ogórki konserwowe
- 1 łyżka kaparów
- 1 szklanka jogurtu greckiego
- sok z ćwiartki cytryny
- ½ łyżeczki słodkiej papryki
- sól himalajska, pieprz

Ogórki, kapary i natkę drobno posiekaj lub rozdrobnij w malakserze.

Wymieszaj z jogurtem, sokiem z cytryny, dużą szczyptą soli i pieprzu oraz papryki.

Krewetki z salsą pomidorową i guacamole (2 porcje)

- 10–12 świeżych, oczyszczonych krewetek lub w wersji wegańskiej 1 szklanka ciecierzycy ze słoika z zalewy naturalnej
- 1 miękkie awokado (najlepiej odmiany Hass)
- 2 ząbki czosnku
- 2 pomidory
- 1 pęczek świeżej bazylii
- 1 limonka
- 1 czerwona cebulka
- sól morska, pieprz czarny
- 2 łyżki masła klarowanego
- paczka rukoli
- 1 pomarańcza

marynata do krewetek: 2 łyżki oliwy lub masła klarowanego + 2 ząbki czosnku posiekane + posiekana natka pietruszki + szczypta chili

Pomidory i cebulkę pokrój w kosteczkę, dodaj posiekaną bazylię, sok z limonki, sól, pieprz i odrobinę soku z pomarańczy.

Krewetki grilluj na maśle ok. 5 minut, aż staną się różowe.

Z awokado, czosnku i świeżej bazylii oraz soku z limonki przygotuj sos guacamole, nie rozgniatając awokado na papkę, tylko zostawiając większe kawałki. Dopraw solą i pieprzem.

Na talerzu ułóż rukolę, na to sos z awokado oraz salsę z pomidorów i kawałki pomarańczy. Na koniec dodaj krewetki/ciecierzycę i posyp bazylią.

Pyszności bezmięsne

Pulpeciki w sosie tajskim z makaronem warzywnym (2 porcje)

Przepis inspirowany pysznym obiadem zjedzonym w wegańskiej restauracji „Korzenie" w Łodzi, gdzie we wspaniałym klimacie można zjeść cudnie i zdrowo :)

- 300 g gotowanej ciecierzycy z 4 łyżkami orzechów nerkowca namoczonymi wcześniej na noc lub 300 g drobiowego mięsa mielonego
- 1 cukinia
- 2 długie marchewki
- 50 g makaronu ryżowego wstążki lub ryżowego z zieloną herbatą, algami
- 200 ml gęstego mleczka kokosowego
- 1 szklanka pokrojonych pomidorów bez skórki
- 1 por
- 1–2 ząbki czosnku
- 1 małe mango
- 1 cm świeżego imbiru
- 1 pęczek świeżej kolendry lub natki pietruszki
- sól himalajska, pieprz, kurkuma, opcjonalnie chili
- 2 łyżki oleju kokosowego nierafinowanego
- opcjonalnie 1 szklanka kiełków słonecznika lub rzodkiewki
- 2 łyżki czarnego lub białego sezamu lub nasion czarnuszki
- 50 ml bulionu

Zmiksuj ugotowaną ciecierzycę z orzechami nerkowca, solą, pieprzem i 3 łyżkami kolendry lub natki na gładką masę, formuj kuleczki i obtaczaj w sezamie lub czarnuszce. W wersji mięsnej przypraw mięso dużą szczyptą soli, pieprzu, kurkumy, dodaj 3 łyżki posiekanej kolendry lub natki i dokładnie wymieszaj, rozrzedź bulionem (wtedy mięso będzie pulchne), formuj małe kuleczki i obtaczaj w sezamie lub czarnuszce.

Pulpeciki obsmaż na minimalnej ilości tłuszczu z obu stron. Wersję mięsną przykryj pokrywką i duś do miękkości.

Do rondelka wlej łyżkę oleju kokosowego, wsyp drobno posiekanego pora, dopraw solą oraz pieprzem i duś ok. 3 minuty, mieszając drewnianą łyżką, aby się nie przypalił. Następnie dodaj wyciśnięty czosnek i starty imbir, opcjonalnie chili i wrzuć pokrojone pomidory. Duś ok. 5 minut na małym ogniu, wlej mleczko kokosowe, dodaj szczyptę kurkumy i duś ok. 5 minut. Zmiksuj. Dodaj pokrojone mango.

Makaron zalej wrzątkiem i poczekaj, aż zmięknie.

Marchew i cukinię pokrój w długie wstążki i wrzuć do wrzątku po makaronie ryżowym na ok. 1 minutę. Odcedź i wyłóż na talerz, dodaj porcję makaronu i polej ciepłym sosem. Posyp posiekaną zieleniną.

Na wierzchu ułóż pulpeciki i opcjonalnie dodaj kiełki.

Zapiekanka z bakłażana z sosem pomidorowym (6 porcji)

Przepis dedykowany cudnej Asi Dąbrowskiej, która poczęstowała mnie tym pysznym daniem :)

- 2 bakłażany
- 2 cukinie
- naturalne tofu lub 2 kulki mozzarelli
- 50 g parmezanu lub sera wędzonego twardego typu oscypek
- 6–8 dużych dojrzałych pomidorów bez skórki (ok. 800 g)
- 1 czerwona papryka
- 1 cebula
- 3 ząbki czosnku
- cząber, suszona ostra i słodka papryka, liście laurowe, tymianek, oregano, pieprz, sól himalajska, czosnek granulowany
- 1 pęczek świeżej bazylii
- 3 łyżki oliwy
- 1 łyżka świeżo mielonego siemienia lnianego

Pokrój bakłażana w grube plastry i posól. Zostaw na 10 minut, a następnie opłucz w zimnej wodzie i osusz – dzięki temu bakłażan nie będzie gorzki.

Cukinie pokrój w grube plastry.

Bakłażana i cukinie polej 2 łyżkami oliwy, posyp łyżeczką czosnku, dużą szczyptą soli i pieprzu.

Na blasze ułóż plastry zamarynowanych w oliwie warzyw. Włącz opcję grill i piecz w temperaturze ok. 190°C ok. 20 minut do zarumienienia.

Na łyżce oliwy zeszklij na patelni posiekaną cebulkę, przypraw solą i pieprzem. Dodaj pokrojone pomidory, wyciśnięty czosnek, po dużej szczypcie soli, pieprzu, cząbru, ostrej i słodkiej papryki, oregano, liść laurowy i wymieszaj. Duś ok. 10 minut, aż sos się zagęści. Na koniec dodaj mielone siemię i posiekaną bazylię.

Mozzarellę/tofu pokrój w plastry, parmezan/oscypek zetrzyj na tarce.

Dno tarty wyłóż plastrami cukinii i bakłażana, na to wyłóż plastry mozzarelli, porcję sosu pomidorowego oraz posyp tartym serem. Na to połóż kolejną porcję warzyw, mozzarelli, sosu, sera aż do wyczerpania składników (ok. 2–3 warstwy).

Piecz w piekarniku nagrzanym do 190°C przez ok. 30 minut.

Zapiekanka z zielonymi szparagami (4 porcje)

- 300 g szparagów zielonych lub młodej/mrożonej fasolki szparagowej
- 1 cukinia
- 1 szklanka ugotowanej i wystudzonej w lodówce ciecierzycy
- 200 mleczka kokosowego lub jogurtu greckiego
- 1 kulka mozzarelli lub 150 g naturalnego tofu
- 100 ml bulionu warzywnego
- 2 cebule dymki
- 1 por
- 2 ząbki czosnku
- skórka otarta z całej cytryny i sok z ćwiartki
- 2 łyżki oliwy
- garść świeżej mięty
- 1 łyżka rozgniecionego siemienia lnianego
- sól himalajska, pieprz, cząber/czubryca zielona, czosnek

Na oliwę wrzuć pokrojone szparagi bez twardych końców i posiekanego w talarki pora. Podsmaż ok. 2 minuty.

Dodaj pokrojoną dymkę, czosnek, dużą szczyptę soli oraz pieprzu i duś ok. 3 minuty.

Wsyp ciecierzycę, wlej mleczko kokosowe/jogurt, wkrusz mozzarellę/tofu, dodaj łyżeczkę cząbru lub czubrycy zielonej, siemię, sok cytryny i wymieszaj.

Na dno formy żaroodpornej wyłóż plastry cukinii, oprósz solą, czosnkiem i pieprzem. Na to połóż masę warzywną z ciecierzycą, a na wierzchu ponownie przyprawione czosnkiem plastry cukinii.

Naczynie wstaw do piekarnika i piecz ok. 20 minut w 180°C.

Podawaj posypane miętą i skórką otartą z cytryny.

Cukinie zapiekane z farszem z kaszą i orzechami (2 porcje)

- 50 g ugotowanej soczewicy lub mielonego mięsa drobiowego
- 2 cukinie
- 1 cebula
- 1 papryka
- 2 dojrzałe pomidory bez skórki
- ząbek czosnku
- 50 g kaszy gryczanej lub komosy ryżowej ugotowanej wcześniej i schłodzonej w lodówce, aby obniżyć indeks glikemiczny
- 2 łyżki orzechów włoskich, pestek dyni lub słonecznika
- 2 łyżki oliwy
- sól himalajska, pieprz, cząber, słodka papryka

Zeszklij na oliwie posiekaną cebulkę przez ok. 1 minutę. Dodaj sól, pieprz, soczewicę/mięso mielone, dużą szczyptę papryki, posiekany czosnek. Smaż ok. 2–3 minuty.

Następnie dodaj posiekaną drobno paprykę, pomidory, dużą szczyptę cząbru i duś ok. 3 minuty. Do masy dodaj ugotowaną kaszę, orzechy lub nasiona i wymieszaj.

Cukinie przekrój i wydrąż środek, który możesz dodać do farszu. Skrop je oliwą, posyp solą, pieprzem i nafaszeruj.

Piecz ok. 25 minut w 190°C.

Bycho :)

Pomidorowa kasza gryczana ze szparagami i kalafiorem (2 porcje)

- 1 szklanka kaszy gryczanej
- 200 g kalafiora/brokułów
- 1 pęczek zielonych szparagów lub 200 g zielonej fasolki szparagowej
- 1 por
- 1 małe awokado
- 2 łyżki oliwy
- 1 szklanka soku pomidorowego
- sól himalajska, pieprz, świeży czosnek, liść laurowy, ziele angielskie
- 2 duże łyżki pestek dyni lub orzechów włoskich
- 1 pęczek szczypiorku

Wypłucz kaszę, wsyp do garnka, zalej sokiem pomidorowym i 1 szklanką wody, osól, dodaj liść laurowy oraz ziele angielskie i gotuj na małym ogniu 10 minut. Następnie wyłącz gaz i zostaw kaszę do wchłonięcia płynu. Wyjmij liść i ziele. Opcjonalnie schłodź kaszę w lodówce ok. 1 godzinę, aby zmniejszyć indeks glikemiczny.

Na oliwie zeszklij pora i czosnek ok. 2 minuty, dopraw solą i pieprzem.

Warzywa ugotuj na parze.

Na patelni wymieszaj ugotowaną kaszę z porem i podgrzej ok. 2 minuty, mieszając. Dodaj warzywa, pokrojone awokado skropione sokiem z limonki, wymieszaj, posyp orzechami i szczypiorkiem.

Komosa z pieczarkami i szpinakiem (2 porcje)

- 1 szklanka komosy ryżowej
- 250 g pieczarek
- 1 por
- 4 szklanki szpinaku
- sól himalajska, pieprz, świeże ząbki czosnku
- 2 łyżeczki oliwy lub masła klarowanego
- 2 łyżki dowolnych orzechów lub pestek dyni/słonecznika
- świeża natka do posypania

Komosę dokładnie wypłucz w ciepłej wodzie, zalej 2 szklankami wody, osól i gotuj ok. 10 minut. Wystudź w lodówce.

Zeszklij posiekanego pora na oliwie lub maśle przez ok. 2 minuty. Posyp solą i pieprzem.

Dodaj pokrojone pieczarki, posyp pieprzem i podduś ok. 5 minut. Dorzuć 3 szklanki szpinaku, pokrojony czosnek i duś kolejne 3 minuty pod przykryciem.

Odsącz kaszę, wrzuć na patelnię z pieczarkami i wymieszaj.

Na talerz wyłóż świeży szpinak, na to potrawkę z pieczarek oraz kaszy i posyp orzechami oraz natką.

Razowe spaghetti z sosem puttanesca (2 porcje)

- 100 g suchego makaronu razowego lub z brązowego ryżu
- 2 łyżki oliwy
- 1 ząbek czosnku
- 1 czerwona cebula
- 3 duże dojrzałe pomidory bez skórki
- 1 szklanka ugotowanej i wystudzonej w lodówce fasolki czerwonej Kidney (wychłodzenie zmniejszy indeks glikemiczny) lub 1 puszka tuńczyka w oliwie
- 1 łyżka kaparów
- 10 oliwek
- szczypta chili w płatkach, sól himalajska, pieprz, szczypta cynamonu
- 1 pęczek natki pietruszki
- 1 kulka mozzarelli lub 150 g naturalnego tofu

- 1 łyżeczka rozgniecionego siemienia lnianego
- 2 łyżki orzeszków piniowych uprażonych lub włoskich

Makaron ugotuj al dente, wystudź i wstaw na minimum godzinę do lodówki – obniży to jego indeks glikemiczny.

Na 2 łyżkach oliwy zeszklij czerwoną cebulę przez 1 minutę, dorzuć wyciśnięty czosnek, kapary, chili i smaż jeszcze minutę. Dodaj pokrojone pomidory, szczyptę cynamonu, oliwki i duś ok. 3–4 minuty.

Następnie wrzuć wychłodzony makaron i wymieszaj na patelni z sosem. Dodaj tuńczyka, rozgnieć i podgrzej razem ok. 3 minuty.

Posyp świeżą natką i pokruszoną mozzarellą (lub tofu) oraz orzeszkami i siemieniem.

Brokuły z orzechami z patelni stir-fry

- 600 g młodego brokułu
- 200 g zielonych szparagów lub zielonej/żółtej fasolki szparagowej
- 1 cebula dymka ze szczypiorkiem
- 1 czerwona cebula
- 1 kulka mozzarelli lub 50 g sera tofu wędzonego
- 2 łyżki pokruszonych orzechów włoskich lub piniowych
- 2 łyżki oleju kokosowego nierafinowanego lub masła klarowanego
- sól himalajska, pieprz

Rozpuść olej na patelni, wrzuć podzielone na różyczki brokuły, pokrojone szparagi/fasolkę, posiekaną dymkę ze szczypiorkiem, czerwoną cebulę, dopraw solą i pieprzem. Smaż ok. 5 minut pod przykryciem.

Posyp orzechami, dodaj mozzarellę/tofu i przesmaż jeszcze minutę.

Cukinia nadziewana brokułami i fetą oraz soczewicą/mięsem drobiowym (4 porcje)

- 2 cukinie
- 200 g ugotowanej wcześniej soczewicy lub mielonego mięsa drobiowego
- kilka różyczek brokułu
- 100 g sera feta/tofu
- czosnek
- 1 por
- sól himalajska, pieprz czarny, czubryca zielona/cząber suszony
- 2 łyżki oliwy
- 1 łyżka jogurtu greckiego
- 2 gałązki pomidorków koktajlowych

Przekrój cukinie na pół i wyjmij pestki łyżeczką.

Na patelni podsmaż pokrojonego w plasterki pora, dodaj soczewicę/mięso mielone, wyciśnięty czosnek, sól, pieprz i duś ok. 15 minut.

Brokuł podziel na różyczki i gotuj na parze 4 minuty. Do mięsa/soczewicy dodaj brokuły i pokruszoną fetę/tofu oraz jogurt. Wymieszaj i przypraw czubrycą lub ulubionymi ziołami.

Cukinie skrop oliwą, osól lekko i nafaszeruj. Zapiekaj ok. 20 minut w naczyniu żaroodpornym w 160–180°C razem ze skropionymi olejem pomidorkami koktajlowymi.

Podawaj z upieczonymi pomidorkami.

Falafel z salsą pomidorową (4 porcje)

- 1 szklanka namoczonej cieciorki
- 1 duża cebula
- 1 por
- ½ szklanki fasoli czerwonej z puszki
- 1 gałązka pomidorów koktajlowych lub 2 pomidory bez skórki
- suszona kolendra, kumin, 3 ząbki rozgniecionego czosnku, sól morska, pieprz czarny
- 1 łyżka sezamu

- 1 pęczek natki pietruszki lub świeżej kolendry
- kilka listków sałaty rzymskiej lub lodowej

Zmiksuj fasolę z cieciorką, zeszkloną na oliwie cebulą i rozgniecionym czosnkiem.

Dodaj natkę lub kolendrę. Dopraw do smaku. Mokrymi dłońmi formuj małe kuleczki, obtocz je w sezamie.

Piecz w 180°C przez 15–20 minut.

Przygotuj salsę pomidorową: posiekaj i posól pora, pomidorki pokrój w kosteczkę i wymieszaj. Przypraw solą, pieprzem, kolendrą i kuminem.

Podawaj na sałacie z kotlecikami.

Gołąbki po włosku z pieczarkami i kapustą kiszoną (2 porcje)

- 1 włoska kapusta
- 100 g ugotowanej wcześniej brązowej soczewicy lub surowego mięsa mielonego
- 100 g pieczarek
- 1 cebula
- 100 g kapusty kiszonej
- 1 puszka pomidorów krojonych lub 4 obrane świeże
- sól morska, pieprz czarny, ziele angielskie, liść laurowy
- 2 łyżki oliwy

Mięso drobiowe/soczewicę dopraw solą i pieprzem.

Cebulkę przesmaż na łyżce oliwy z pokrojonymi drobno lub startymi pieczarkami, posól i dodaj pieprz do smaku, duś pod przykryciem ok. 10 minut.

Wymieszaj odsączone pieczarki z mielonym mięsem/soczewicą.

Kapustę włoską sparz wrzątkiem. W liście zawiń farsz. Ułóż gołąbki ściśle w naczyniu żaroodpornym.

Obłóż kiszoną kapustą, zalej pomidorami, 1 szklanką wody i dodaj przyprawę do bulionu, liść laurowy i ziele. Zapiekaj ok. 30–40 minut w 180°C pod przykryciem.

Pieczony ryż na zielono z jajkiem lub siemieniem (2 porcje)

- ½ szklanki ryżu brązowego
- ½ szklanki ryżu dzikiego lub 1 szklanka komosy ryżowej
- 1 paczka szpinaku (ok. 200 g)
- 2 duże dojrzałe pomidory lub 10 koktajlowych
- 3 jajka lub 1 łyżka siemienia lnianego wymieszana z 2 łyżkami wody
- 1 duża biała cebula
- 1 por
- 1 cebula dymka
- 2 łyżki sezamu
- 6 suszonych pomidorów lub oliwek
- 1 pęczek natki pietruszki lub kolendry
- 2 łyżki oliwy lub oleju rzepakowego nierafinowanego/kokosowego
- 2 ząbki czosnku
- garść posiekanej bazylii
- sól himalajska, pieprz, gałka muszkatołowa

Ugotuj ryż lub ryż z komosą w małej ilości wody z odrobiną soli, wystudź i wstaw do lodówki na godzinę lub najlepiej na noc. Obniży to ich indeks glikemiczny.

Na patelnię wlej oliwę, dodaj posiekaną cebulę, pora, dopraw solą, pieprzem i smaż ok. 2 minuty.

Dodaj szpinak, pokrojony czosnek i duś ok. 3 minuty. Dopraw szczyptą gałki muszkatołowej.

Do warzyw wrzuć ryż/komosę, wymieszaj i posyp posiekaną bazylią i natką/kolendrą oraz oliwkami lub pokrojonymi suszonymi pomidorami.

Przełóż wszystko do naczynia żaroodpornego. Wbij 3 jajka, posyp sezamem i piecz ok. 6–8 minut w 180°C, aż jajka się zetną. W wersji wege dodaj do potrawy siemię z wodą.

Podawaj posypane szczypiorkiem z pokrojonymi pomidorami.

Makaron gryczany z sosem paprykowym (2 porcje)

- 100 g makaronu gryczanego suchego
- 2 czerwone papryki
- kawałek pora

- 1 pomidor
- 1 cebula
- świeża bazylia i natka pietruszki do posypania
- 2 łyżki uprażonych pestek dyni
- 2 łyżki oleju rzepakowego
- 3 łyżki świeżych kiełków
- 1 łyżeczka rozgniecionego siemienia lnianego
- sól himalajska, pieprz czarny

Makaron ugotuj al dente według instrukcji na opakowaniu i hartuj w zimnej wodzie.

Paprykę pokrój w paseczki, cebulę i pora w talarki. Duś na oliwie ok. 10 minut, przypraw. Dodaj pokrojonego pomidora bez skórki i duś jeszcze 3 minuty.

Na talerz wyłóż makaron wymieszany z kiełkami, natką pietruszki, a na to ciepłe warzywa. Posyp całość bazylią, siemieniem i pestkami dyni.

Podawaj z **surówką z korzeniowych warzyw** (2 porcje):

- 2 młode marchewki
- 1 mała cukinia
- 1 fenkuł lub por
- 1 seler naciowy
- botwinka z buraczkami (5 szt.)
- 1 żółta papryka
- rzeżucha lub szczypiorek do posypania

sos z bazylią/estragonem: kilka gałązek świeżej bazylii lub estragonu + 3 łyżki oliwy + 3 łyżki octu białego + duża szczypta soli i pieprzu + kawałek chili + 4 łyżki jogurtu greckiego + 2 ząbki czosnku – wszystkie składniki zmiksuj.

Warzywa zetrzyj na tarce lub w malakserze.

Polej sosem. Delikatnie przemieszaj. Posyp świeżą rzeżuchą lub szczypiorkiem i listkami botwinki.

Warzywa po azjatycku (2–4 porcje)

- 250 g zielonych szparagów
- 400 g młodego lub mrożonego brokułu
- 1 batat (ok. 150 g)
- opcjonalnie 1 mała papryczka chili o wybranej ostrości
- 2 ząbki czosnku
- 3 łyżki oliwy
- opcjonalnie 1 łyżeczka oleju sezamowego
- 2 łyżki jasnego sosu sojowego
- sok z połowy cytryny
- 1 łyżka sezamu
- 1 pęczek świeżej natki lub kolendry

Przygotuj sos azjatycki: posiekane chili zalej oliwą, dodaj wyciśnięty czosnek, olej sezamowy, sok z cytryny i sos sojowy, wymieszaj.

Warzywa podziel na mniejsze kawałki i ugotuj na parze. Posól. Przełóż do miski i polej sosem azjatyckim. Posyp ziołami i sezamem.

Zapiekanka z bakłażana po grecku (4 porcje)

- 400 g ugotowanej i wystudzonej w lodówce mielonej soczewicy brązowej lub mielonego mięsa wołowego
- 2 ząbki czosnku
- 15 listków mięty
- 400 g pomidorów świeżych lub z zalewy bez skórki
- 2 bakłażany
- 200 g jogurtu greckiego lub sojowego
- sól himalajska, pieprz
- 2 łyżki oliwy
- garść świeżej natki lub kolendry

Soczewicę podduś przez ok. 5 minut z pomidorami i przyprawami. Jeśli używasz mięsa, podduś je w rondlu, dodaj rozgnieciony czosnek, posiekane listki mięty i pokrojone pomidory.

Przykryj i duś jeszcze 20 minut, od czasu do czasu mieszając.

Bakłażany umyj i pokrój wzdłuż na plastry o grubości 1 cm. Przyrumień je na średnim ogniu na lekko naoliwionej patelni 3 minuty z każdej strony. Ułóż na papierowym ręczniku, by papier wchłonął tłuszcz.

Do soczewicy/mięsa dodaj jogurt, wymieszaj i dopraw solą oraz pieprzem.

W formie do zapiekania ułóż warstwę plastrów bakłażana, następnie warstwę soczewicy/mięsa z sosem. Układaj na zmianę kolejne warstwy, tak aby na wierzchu została warstwa bakłażanów.

Wstaw do piekarnika nagrzanego do 200°C i piecz 15 minut. Podawaj posypane świeżą natką lub kolendrą.

Zapiekanka z warzywami i pomarańczową pierzynką (4 porcje)

- 1 szklanka ugotowanej zielonej soczewicy lub 200 g mielonego mięsa z indyka lub kurczaka
- 1 żółta i 1 czerwona papryka
- 200 g pieczarek
- 1 duża czerwona cebula
- pęczek szczypiorku
- 2 ząbki czosnku
- łodyga selera naciowego
- 2 łyżki oliwy
- 1 batat
- 1 łyżka otrąb owsianych
- 1 łyżeczka rozgniecionego siemienia lnianego
- 200 g kalafiora lub bulwy selera
- sól, pieprz, ostra i słodka papryka, cząber, kumin
- 2 szklanki bulionu warzywnego

Kalafior/seler i pokrojony batat gotuj na parze ok. 10 minut.

Na patelnię wlej oliwę, dodaj pokrojone drobno cebulę, papryki, pieczarki, czosnek i seler naciowy i duś ok. 2–3 minuty. Dodaj ugotowaną soczewicę lub mielone mięso i przypraw dużą szczyptą ostrej i słodkiej papryki, kuminem, pieprzem i cząbrem oraz solą. Duś do miękkości ok. 10 minut.

Ugotowany batat zmiksuj na purée z kalafiorem/selerem. Wymieszaj masę ze szczypiorkiem i dopraw do smaku solą, pieprzem, papryką w proszku, dodaj otręby i siemię.

Podduszone warzywa z patelni przełóż do formy żaroodpornej, na wierzch ułóż porcję purée i rozprowadź. Zapiekaj ok. 25 minut w 180°C.

Bataty pieczone nadziewane komosą (2 porcje)

- 2 bataty
- ½ szklanki komosy ryżowej
- 1 łyżka orzechów piniowych uprażonych na suchej patelni lub włoskich
- 1 łyżka pestek słonecznika lub dyni
- 2 łyżki oliwy
- małe pęczki natki pietruszki, szczypiorku
- 1 czerwona cebula
- sól himalajska, pieprz, ostra i słodka papryka
- 1 łyżeczka rozgniecionego siemienia lnianego

Natnij bataty przez środek, posmaruj oliwą, posyp solą, pieprzem, suszonymi paprykami i ułóż na papierze do pieczenia w piekarniku nagrzanym do 190°C. Piecz 20 minut.

Wypłucz komosę, zalej 1 szklanką wody i gotuj ok. 10 minut. Następnie ostudź i ewentualnie wychłodź w lodówce lub ugotuj dzień wcześniej i przechowaj w lodówce (zmniejszy to indeks glikemiczny kaszy).

Na oliwie zeszklij posiekaną cebulkę, dodaj sól, pieprz.

Wymieszaj komosę z cebulką, posiekanym szczypiorkiem i/lub natką oraz orzechami i pestkami.

Włóż porcję farszu w środek batata i piecz kolejne 10 minut. Podawaj posypane siemieniem i zieleniną.

Kasza na kolorowo z warzywami (2 porcje)

- 1 szklanka kaszy quinoa lub kaszy gryczanej suchej
- 1 pietruszka
- 1 batat
- 1 cebula
- 1 pasternak lub kalarepka
- 2 łyżki pestek dyni lub słonecznika
- 2 łyżki oliwy
- 1 łyżeczka rozgniecionego siemienia lnianego
- sól himalajska, pieprz, papryka, oregano, tymianek, czosnek

Obierz warzywa ze skórki i pokrój w kostkę.

Posyp ulubionymi przyprawami i polej oliwą. Wymieszaj.

Kaszę dokładnie wypłucz i ugotuj w lekko osolonej wodzie. Następnie ostudź i ewentualnie wychłodź w lodówce lub ugotuj dzień wcześniej i przechowaj w lodówce (zmniejszy to indeks glikemiczny kaszy).

Na oliwę wrzuć pokrojone warzywa i duś na małym ogniu ok. 6–8 minut, mieszając.

Warzywa wymieszaj z ugotowaną i podgrzaną kaszą, posyp siemieniem i pestkami dyni/słonecznika.

Pizza kalafiorowa ze szpinakiem lub wiosennymi warzywami (4 porcje)

ciasto:

- 1 kg kalafiora
- 1 jajko
- 2 łyżki otrąb owsianych lub zmielonych na mąkę płatków owsianych
- sól himalajska, pieprz, tymianek, cząber

Surowego kalafiora rozdrobnij blenderem lub zetrzyj na tarce. Dodaj jajko, szczyptę soli, pieprzu, tymianku i cząbru oraz otręby i wymieszaj.

Rozprowadź ciasto w formie blatu na papierze do pieczenia. Piecz 15 minut w 180°C.

dodatki: cukinia, pieczarki, szparagi, pomidorki, rzodkiewki, szczypiorek, świeża bazylia, szpinak, czerwona cebula, papryka, mozzarella, feta, czosnek, zioła: tymianek, oregano

Warzywa drobno pokrój, skrop oliwą, posyp ziołami i przyprawami.

sos pomidorowy: na łyżce oliwy usmaż słodkiego pomidora z posiekaną cebulą, aż sos się zredukuje. Dodaj po szczypcie tymianku, cząbru, soli i pieprzu. Zmiksuj.

Upieczony blat wysmaruj sosem pomidorowym.

Ułóż dowolne warzywa i dodatki.

Wersja ze szpinakiem: pora z pokrojonym ząbkiem czosnku podduś na oliwie ok. 2 minuty, dodaj szpinak, posól i duś pod przykryciem 1 minutę, dodaj pokruszoną fetę.

Farsz szpinakowy ułóż na kalafiorowym spodzie z sosem i piecz jeszcze 10 minut.

Botwinka ze szpinakiem i kaszą (2 porcje)

- 1 szklanka suchej kaszy gryczanej, pęczak lub komosy ryżowej
- 1 pęczek botwinki
- 1 pęczek szpinaku
- 1 dymka ze szczypiorkiem lub por
- 1–2 ząbki czosnku
- 1 łyżka oliwy
- 2 łyżki orzechów piniowych uprażonych na suchej patelni lub migdałów, orzechów włoskich albo laskowych

Kaszę ugotuj dzień wcześniej i wystudź w lodówce. Obniży to jej indeks glikemiczny.

Na oliwie zeszklij pora/dymkę przez 1 minutę.

Dodaj szpinak i botwinkę, posiekany czosnek i podlej 50 ml wody. Duś pod przykryciem ok. 2–4 minuty. Dodaj kaszę, wymieszaj i podgrzej całość ok. 2 minuty.

Podawaj posypane orzechami.

Zielone warzywa z sosem awokado (2 porcje)

- 250 g szparagów zielonych
- 250 g brokułów
- 1 kapusta włoska lub rzymska (ok. 200 g)
- 1 łyżka sezamu

sos do warzyw: 2 łyżki oliwy + 2 łyżki soku z cytryny + garść posiekanej bazylii + 1 łyżeczka musztardy Dijon + ½ małego miękkiego awokado + 1 ząbek czosnku – zmiksuj.

Odkrój twarde końcówki od szparagów (ok. 2 cm od końca łodyżki), wszystkie warzywa ugotuj na parze.

Wymieszaj z sosem i posyp sezamem.

Sałatka z cukinii, ciecierzycy i szpinaku z migdałami (2 porcje)

- 1 szklanka ugotowanej ciecierzycy
- 1 cukinia
- 100 g szpinaku
- 1 por
- 1 żółta papryka
- 2 łyżki oliwy
- 2 łyżki płatków migdałowych lub pokruszonych migdałów
- czosnek niedźwiedzi lub granulowany, sól himalajska, pieprz
- 2 garście świeżych ziół: kolendra, bazylia, natka pietruszki lub oregano

Paprykę pokrój w kostkę, cukinię i pora w plasterki. Przypraw dużą szczyptą czosnku, soli i pieprzu, polej oliwą.

Przełóż warzywa na patelnię, duś ok. 8 minut pod przykryciem na małym ogniu. Na koniec dodaj szpinak i duś jeszcze 2 minuty pod przykryciem.

Warzywa wymieszaj z ciecierzycą, posyp migdałami i świeżymi ziołami.

Sałatka z ciecierzycy i suszonych pomidorów (2 porcje)

- 1 szklanka ugotowanej i schodzonej w lodówce ciecierzycy
- 6 suszonych pomidorów
- ½ sałaty lodowej lub 1 mała rzymska
- 1 dymka ze szczypiorkiem
- 10 oliwek
- 2 łyżki orzechów piniowych uprażonych minutę na suchej patelni, włoskich lub laskowych
- 2 garście świeżej bazylii
- 2 łyżki oliwy z suszonych pomidorów
- 1 pęczek natki pietruszki
- sól himalajska

Pokrój sałatę w paski, posyp solą i skrop oliwą.

Dodaj posiekaną dymkę ze szczypiorkiem. Wsyp pokrojone oliwki, suszone pomidory, dodaj świeżą bazylię.

Całość wymieszaj z ciecierzycą i posyp natką oraz orzechami.

Drób w wielu odsłonach

Pieczone udka z kurczaka po jamajsku w sosie jerk (2–4 porcje)

- 4 udka z kurczaka bez skóry lub w wersji wege 2 bakłażany
- 1 czerwona cebula
- 1 dymka ze szczypiorkiem
- 2 łyżki oliwy
- sól himalajska, pieprz
- kilka gałązek świeżego tymianku lub oregano

sos jerk: 2 ząbki czosnku wyciśnięte + 1 mała średnio ostra papryczka chili + 2 cebule dymki + 1 łyżka świeżego lub suszonego oregano i tymianku + 1 ziarenko ziela angielskiego + szczypta gałki muszkatołowej + 2 łyżki octu jabłkowego + 1 pokrojona gruszka + sok z limonki + szczypta soli + 3 łyżki oliwy – zmiksuj wszystko w blenderze na rzadki sos.

Mięso/bakłażana natnij na wierzchu, posyp solą i pieprzem i smaż na patelni grillowej ok. 5 minut z obu stron.

Wlej sos jerk do naczynia żaroodpornego, połóż mięso/bakłażana, na to wysmarowane oliwą gałązki tymianku lub oregano, 1 pokrojoną dymkę, czerwoną cebulę w krążkach i wstaw do piekarnika na 20 minut w 190°C.

Podawaj z **surówką z kapusty na kolorowo** (2 porcje):

- 1 zielona kapusta pekińska (ok. 200 g)
- 1 czerwona cebula
- 1 gruszka
- 1 papryka
- 6 rzodkiewek
- duża garść szpinaku
- 1 pęczek natki pietruszki lub kolendry
- 1 cm świeżego imbiru

Posiekaj drobno kapustę. Dodaj posiekaną paprykę, kolendrę, rzodkiewki i plasterki cebuli, starty imbir i gruszkę, szpinak. Wymieszaj razem.

Przygotuj dressing: sok z 1 limonki wymieszaj ze szczyptą soli i 2 łyżkami oliwy.

Surówkę polej dressingiem i wygnieć dłońmi, aby składniki się połączyły.

Posyp posiekaną zieleniną.

Udka z kurczaka w sezamie w żółtym sosie (2–4 porcje)

- 4 udka z kurczaka bez skóry lub w wersji wege 2 bakłażany
- 200 ml mleczka kokosowego lub jogurtu greckiego 9% tłuszczu
- 2 cebule dymki
- 1 żółta papryka
- 1 cm świeżego imbiru
- 1 pęczek natki pietruszki lub kolendry
- sól himalajska, pieprz, kurkuma, cząber, czosnek niedźwiedzi lub granulowany

Mięso/przekrojone na pół bakłażany przypraw solą, pieprzem, cząbrem i czosnkiem. Polej oliwą. Smaż na patelni grillowej ok. 2 minuty z obu stron.

Dymki i paprykę pokój drobno, imbir zetrzyj na tarce.

Do naczynia żaroodpornego wlej mleczko, dodaj pokrojone warzywa, imbir, 1 łyżeczkę czosnku, łyżeczkę kurkumy, szczyptę soli, pieprzu, łyżeczkę cząbru i wymieszaj.

Do sosu włóż mięso lub bakłażany i przykryj naczynie.

Piecz w piekarniku ok. 30 minut w 190°C.

Podawaj z **sałatką z rzodkiewek** (2 porcje)

- 1 pęczek rzodkiewek ze świeżymi listkami
- 1 fenkuł lub zielony por
- 1 dymka ze szczypiorkiem
- 1 łodyga selera naciowego
- 1 twarde jabłko lub gruszka
- sok z ćwiartki cytryny
- 2 łyżki oliwy
- sól himalajska, pieprz
- kilka gałązek natki pietruszki

Warzywa posiekaj w plasterki (rzodkiewki razem z dokładnie umytymi listkami), owoce zetrzyj na tarce. Wymieszaj, polej oliwą i sokiem z cytryny, posyp solą i pieprzem.

Posyp świeżą natką.

Kurczak faszerowany fetą z oliwkami (2 porcje)

- 400 g filetu z kurczaka lub z indyka lub w wersji wege 2 cukinie
- 4 gałązki świeżego tymianku
- 1 duża cukinia
- 1 duży por
- pomidorki koktajlowe na gałązce
- 10 oliwek zielonych
- 1 szklanka bulionu
- sól morska, pieprz czarny
- 1 łyżka oliwy
- ½ szklanki komosy ryżowej lub kaszy gryczanej
- 1 pęczek natki pietruszki lub szczypiorku
- 2 łyżki pestek dyni

farsz: 4 posiekane suszone pomidory + 50 g pokruszonego sera feta + 4 starte na tarce ząbki czosnku – wymieszaj.

Kaszę wypłucz i ugotuj al dente (10–15 minut). Wystudź i wstaw do lodówki, aby obniżyć jej indeks glikemiczny.

Pora przekrój wzdłuż i sparz wrzątkiem, aby wstążki zmiękły.

Filety natnij tak, aby powstały kieszonki. Oprósz solą i pieprzem, a do środka kieszonek włóż farsz. Jeśli używasz cukinii, usuń miąższ i nałóż farsz.

Owiń ściśle filety/cukinie wstążkami z pora i ewentualnie zapnij wykałaczkami.

Do naczynia włóż ponakłuwane pomidorki, słupki cukinii i odsączone oliwki. Na wierzch ułóż filety/cukinie i zalej bulionem (tylko w przypadku filetów, cukinie są dość wodniste). Na wierzch dodaj świeży tymianek.

Piecz pod przykryciem ok. 20–30 minut w 190°C, pod koniec odkryj i dopiecz ok. 10 minut.

Kaszę lekko podgrzej na odrobinie wody, wymieszaj z posiekaną natką lub szczypiorkiem oraz pestkami dyni.

Potrawę podawaj z kaszą i **surówką z rzodkwi i awokado** (2 porcje):

- 1 biała rzodkiew
- 1 miękkie awokado
- 1 ząbek czosnku
- odrobina soku z limonki lub cytryny
- garść bazylii
- 2 łyżki oliwy
- 0,5 cm imbiru
- 1 pęczek szczypiorku
- sól himalajska, pieprz

Zetrzyj rzodkiew na tarce o dużych oczkach.

Pokrój awokado na małe kostki, skrop sokiem z limonki lub cytryny, posyp startym na tarce czosnkiem, posól i oprósz pieprzem.

Warzywa oraz awokado wymieszaj, dodaj bazylię, starty imbir, posiekany szczypiorek i polej oliwą. Dopraw do smaku solą i pieprzem.

Filet faszerowany zielonym pesto (2 porcje)

- 2 filety z kurczaka (300 g) lub w wersji wege 2 bakłażany
- 100 g rukoli
- 2 łyżki orzechów piniowych lub włoskich
- kawałek pora
- 2 ząbki czosnku
- 2 łyżki oliwy
- po szczypcie soli morskiej, pieprzu, zielonej czubrycy
- miks sałat
- 1 papryka
- opcjonalnie 50 g fety/mozzarelli

- 1 miękkie awokado
- 1 limonka
- 1 dymka ze szczypiorkiem
- 6 rzodkiewek
- 1 pęczek bazylii

Lekko rozbij filety i natnij każdy w środku. Jeśli używasz bakłażana, wydrąż środek. Przypraw czubrycą, solą i pieprzem. Orzechy piniowe upraż na suchej patelni przez ok. 2 minuty (włoskich nie praż). Zeszklij posiekanego pora na oliwie i przełóż do miski. Dodaj rukolę, czosnek, czubrycę , sól, pieprz, orzechy, 25 g fety/mozarelli i rozdrobnij blenderem. Nafaszeruj filety/bakłażany przygotowaną masą, owiń je sznurkiem i polej oliwą. Piecz w naczyniu żaroodpornym lub rękawie/papierze do pieczenia przez ok. 30 minut w 180°C.

Podawaj z miksem sałat wymieszanym z resztą fety/mozarelli, pokrojoną papryką, posiekaną dymką ze szczypiorkiem, kawałkami awokado skropionymi sokiem z limonki i pokrojonymi rzodkiewkami oraz świeżą bazylią.

Filet nadziewany wątróbkami (2 porcje)

- 2 filety z kurczaka
- 1 cebula
- 10 szt. wątróbek drobiowych
- 10 orzechów włoskich
- 2 plastry szynki podwędzonej
- 1 jabłko
- natka pietruszki
- czosnek granulowany, sól himalajska, pieprz czarny, gałka muszkatołowa
- 1 szklanka mleka

Filety rozkrój w środku, by stworzyć kieszonkę, natrzyj solą, pieprzem oraz czosnkiem.

Wątróbkę wymocz w mleku przez 10 minut, następnie odsącz. Cebulę zeszklij na oliwie przez 2 minuty, dodaj posiekaną wątróbkę i pokrojone jabłko, przypraw gałką, solą i pieprzem i duś ok. 5–8 minut.

Dokładnie wymieszaj, rozgniatając widelcem. Dodaj posiekaną natkę i orzechy, nadziej masą filety.

Zawiń każdy filet w plaster szynki i ułóż w naczyniu. Przykryj folią i piecz ok. 30 minut w 180°C, następnie odkryj folię i dopiecz ok. 10 minut, podlewając w trakcie pieczenia powstałym sosem.

Podawaj z surówką z kapusty kiszonej, jabłka, cebuli i marchewki, skropionej oliwą.

Szaszłyki z drobiu w sosie ziołowo-orzechowym z egzotyczną sałatką (2 porcje)

- 300 g mięsa drobiowego z udek
- 2 kolorowe papryki
- 1 czerwona cebula

sos ziołowo-orzechowy: sok z 1 limonki + pół pęczka natki lub kolendry + 2 łyżki oliwy + 1 łyżka sosu sojowego + cebula dymka ze szczypiorkiem + 2 łyżki masła orzechowego + ząbek czosnku + 1 łyżka skórki otartej z limonki + 1 łyżeczka ostrej papryki – zmiksuj na gładko i przełóż do miski.

Mięso pokrój na duże kawałki, papryki w grubą kostkę, cebulę w grube plastry.

Polej mięso sosem orzechowym i obtocz dokładnie.

Nadziej kawałki mięsa na przemian z papryką i cebulą na namoczone wcześniej patyczki do szaszłyków.

Wstaw szaszłyki do piekarnika na papierze do pieczenia i piecz ok. 20 minut w 180°C

Podawaj z **sałatką z sezamem i makaronem ryżowym**:

- 50 g makaronu ryżowego z brązowego ryżu lub sojowego
- 300 ml bulionu warzywnego
- sałata lodowa lub rzymska (ok. 150 g)
- 1 czerwona papryka
- 2 łyżki sezamu
- 1 łyżka orzechów włoskich
- 1 mała cukinia lub ogórek

sos do sałatki: 1 czerwona cebula + 1 łyżka oleju sezamowego + sok z połowy limonki + 2 łyżki oliwy + kilka gałązek świeżej natki lub kolendry + 1 łyżka sosu sojowego – zblenduj na sos

Makaron zalej wrzącym bulionem i odczekaj kilka minut, aż zmięknie.

Do gotowego sosu wsyp sezam oraz orzechy i wymieszaj. Dodaj przygotowany wcześniej makaron i dokładnie wymieszaj. Dorzuć posiekaną sałatę, paprykę, obraną na wstążki cukinię lub ogórka i wymieszaj.

Kurczak/tofu po tajsku z warzywami (2 porcje)

- 250–300 g filetu z kurczaka lub tofu
- 2–3 łyżki sezamu
- świeży imbir
- 1 papryczka chili
- 2 ząbki czosnku
- warzywa: cukinia, 2 kolorowe papryki, cebula dymka, por, sałata rzymska, 10 pieczarek lub grzybków shitake
- 2 łyżki oliwy

marynata: sos sojowy jasny + ½ łyżeczki miodu płynnego + szczypta chili + szczypta świeżego imbiru – wymieszaj.

Filet/tofu pokrój w paski i zamarynuj. Zostaw na 15 minut.

Na patelni rozgrzej oliwę, dodaj startą łyżeczkę imbiru, posiekaną papryczkę chili, czosnek i przesmaż 1 minutę. Następnie dodaj cebulę, grzyby, cukinię, papryki i pora pokrojone w paski lub kostkę i duś ok. 10 minut.

Obtocz fileciki/tofu w sezamie i smaż na małej ilości oleju z obu stron po 5 minut. Zostaw pod przykryciem, aby doszły.

Do warzyw dodaj pokrojoną dymkę oraz sałatę i duś 1 minutę. Podawaj z filetami w sezamie.

Kurczak cytrynowy z zielonymi warzywami (2 porcje)

- 4 małe udka z kurczaka/indyka lub porcje bez skóry (ok. 450 g) lub w wersji wege 2 małe bakłażany
- sok i skórka otarta z 1 cytryny
- 3 ząbki czosnku
- 2 łyżki musztardy Dijon
- sól morska, pieprz, szałwia świeża lub suszona

Kurczaka/bakłażana natnij nożem i włóż do rękawa do pieczenia, dodaj sok z cytryny i otartą z niej skórkę, musztardę, sól morską, pieprz, pokrojony czosnek i szałwię (szczyptę lub 4 listki).

Zamknij worek, zawartość dokładnie wymieszaj.

Zostaw na noc do zamarynowania.

Piecz kurczaka w rękawie ok. 35 minut w 180°C.

Kurczaka/bakłażan wyjmij na talerz. Podawaj z zielonymi warzywami z sosem awokado (przepis na str. 201).

Udka pieczone z batatami i nutą pomarańczy (2 porcje)

- 400 g małych udek z kurczaka, tzw. pałek z kurczaka (ok. 6 szt)
- 1 mała pomarańcza
- 1 batat
- 2 czerwone cebule
- 1 żółta papryka
- 1 bulwa selera
- oregano, ostra i słodka papryka, sól morska, pieprz
- 2 łyżki oliwy

Udka obierz ze skóry, przypraw papryką oraz oregano, posól i skrop oliwą. Bataty i selera pokrój w plastry, paprykę w grubą kostkę, cebulę w ćwiartki, skrop oliwą i posyp przyprawami.

Ułóż warzywa na blasze wyłożonej papierem. Obok umieść udka, skrop je sokiem z pomarańczy i posyp otartą skórką. Piecz ok. 40 minut w 190°C. Podawaj na ciepło lub zimno.

Podawaj z **sałatką pomidorową** (2 porcje):

- 300 g kolorowych lub zwykłych pomidorków koktajlowych lub dużych
- kubek szpinaku
- świeża bazylia
- sól himalajska, pieprz czarny

zielony sos do sałatki: 1 ząbek czosnku + 2 garści bazylii + 3 łyżki oliwy + 3 łyżki soku z cytryny + sól, pieprz, szczypta płatków chili – wszystkie składniki zmiksuj.

Pomidory pokrój, wymieszaj ze szpinakiem.

Dodaj sól, pieprz i polej sosem. Udekoruj świeżą bazylią.

Kurczak pieczony w sosie porowym (4 porcje)

- 1 cały kurczak 1,5 kg lub udka, elementy z drobiu lub w wersji wege duże kawałki cukinii
- gorczyca w ziarnach, sól himalajska, pieprz
- 2 łyżki oliwy
- 2 duże pory
- musztarda gruboziarnista
- 1–2 ząbki czosnku
- 200 ml mleczka kokosowego lub jogurtu greckiego
- zielenina: pęczek szczypiorku, natki lub świeżej kolendry

Łyżkę gorczycy rozetrzyj w moździerzu, dodaj dużą szczyptę soli oraz pieprzu i wymieszaj.

Mięso obierz ze skóry (jeśli używasz cukinii – nie obieraj), natnij w kilku miejscach i natrzyj łyżką oliwy oraz mieszanką przypraw.

Na głębokiej patelni na łyżce oliwy obsmaż kawałki mięsa/cukinii po 2 minuty z obu stron.

Dorzuć posiekane pory i podsmaż ok. 1–2 minuty, mieszając. Dodaj posiekany czosnek, 100 ml wody, przykryj patelnię i duś warzywa z kurczakiem ok. 10 minut na małym ogniu (cukinia będzie gotowa w 3–4 minuty).

Dolej mleczko kokosowe, dodaj musztardę i duś jeszcze 3 minuty. Podawaj posypane świeżą zieleniną.

Podawaj z s**ałatką z rukoli z włoskim pesto** (4 porcje):

- 1 paczka rukoli
- 2 pomidory lub 10 pomidorków koktajlowych
- 1 czerwona papryka
- 1 dymka ze szczypiorkiem

pesto:

- 100 g migdałów
- 30 g sera grana padano lub parmezanu
- 3 słodkie pomidory
- 3 suszone pomidory z oliwy
- kawałek chili
- 1 pęczek bazylii
- 1–2 ząbki czosnku
- 3 łyżki oliwy z pomidorów
- duża szczypta soli i pieprzu

Składniki pesto zblenduj na gładką masę.

Rukolę wymieszaj z pokrojonymi pomidorami, papryką, dymką, polej pesto i wymieszaj.

Kurczak faszerowany z pieczonymi warzywami (4 porcje)

- 4 filety z kurczaka (ok. 450 g)
- sól himalajska, pieprz, tymianek, rozmaryn świeży lub suszony
- 300 g pomidorków koktajlowych
- 250 g zielonych szparagów (odkrój twarde końce)
- 2 dymki
- 2 ząbki czosnku
- 2 łyżki oliwy

farsz:

- ½ szklanki świeżej natki
- ½ szklanki świeżej bazylii
- 6 suszonych pomidorów w oleju
- sok z 1 cytryny i 1 łyżka skórki z niej otartej
- 50 g sera feta
- 1–2 ząbki czosnku
- 2 łyżki orzechów włoskich

Wszystkie składniki farszu posiekaj i wymieszaj

Filety posyp solą, pieprzem i skórką otartą z cytryny, w środku natnij dużą kieszeń i włóż porcję farszu. Zawiń i zwiąż sznurkiem, aby się nie rozpadły.

Warzywa umyj, osusz, posyp solą i pieprzem, polej oliwą.

W naczyniu żaroodpornym ułóż faszerowane filety, obok warzywa w całości i ząbki czosnku, skrop sokiem z cytryny i wstaw do piekarnika.

Piecz ok. 30–40 minut w 180°C. Pod koniec pieczenia zdejmij pokrywkę, aby filety lekko się zarumieniły.

Kurczak po syczuańsku z komosą ryżową (2 porcje)

- 350 g mięsa z udek kurczaka lub indyka
- 1 szklanka białej lub kolorowej komosy ryżowej
- 3 kolorowe papryki
- 1 ostra papryczka
- 1–2 ząbki czosnku
- 1 dymka ze szczypiorkiem
- 2 łyżki orzechów włoskich lub laskowych
- 2 łyżki sosu sojowego jasnego bez glutaminianu sodu
- odrobina soku i skórka otarta z limonki lub cytryny
- pieprz syczuański
- 2 łyżki oliwy

Pokrój mięso w drobną kostkę, polej sosem sojowym, posyp pieprzem i wyciśniętym czosnkiem, wymieszaj i zostaw do zamarynowania.

Komosę wypłucz i zalej 2 szklankami wody. Gotuj na małym ogniu ok. 10 minut w lekko osolonej wodzie. Następnie ostudź i ewentualnie wychłodź w lodówce lub ugotuj dzień wcześniej i przechowaj w lodówce (zapewni to mniejszy indeks glikemiczny kaszy).

Na patelni rozgrzej oliwę, dodaj posiekaną dymkę, kurczaka i smaż ok. 5 minut. Następnie dodaj pokrojone papryki i chili, duś pod przykryciem ok. 10 minut, podlewając odrobiną wody z dodatkiem soku z cytryny/limonki.

Wymieszaj kaszę z orzechami i szczypiorkiem. Dodaj mięso z warzywami i podawaj posypane skórką otartą z limonki lub cytryny.

Błyskawiczny kurczak z dymką i komosą/kaszą gryczaną (2 porcje)

- ½ szklanki komosy ryżowej lub kaszy gryczanej, pęczak
- 6 suszonych pomidorów z oliwy
- 300 g polędwiczek z kurczaka lub filet z indyka, lub w wersji wege 250 g naturalnego tofu
- 300 g pieczarek
- 2 cebule dymki
- 200 ml mleczka kokosowego
- 1 pęczek natki pietruszki lub bazylii
- 2 łyżki oliwy lub nierafinowanego oleju rzepakowego tłoczonego na zimno
- sól himalajska, pieprz, szczypta tymianku świeżego lub suszonego, cząber i czosnek granulowany lub czubryca zielona

Kaszę ugotuj i wystudź, wstaw do lodówki na minimum godzinę lub ugotuj dzień wcześniej.

Mięso/tofu pokrój w paseczki, posyp solą, pieprzem, cząbrem i czubrycą.

Pieczarki pokrój w plasterki, dymki posiekaj razem ze szczypiorem.

Na patelni rozgrzej olej, wrzuć mięso/tofu, podsmaż ok. 6 minut. Następnie dodaj pieczarki, posiekaną cebulę ze szczypiorkiem, przykryj i duś ok. 5 minut. Dolej mleczko i duś jeszcze 1 minutę. Posyp połową pęczka posiekanej natki/bazylii.

Wymieszaj kaszę z posiekaną resztą natki/bazylii i pokrojonymi suszonymi pomidorami.

Podawaj razem z mięsem i warzywami.

Różne mięsa

Gołąbki w sosie pomidorowym z cząbrem (4 porcje)

- 10–15 liści kapusty włoskiej młodej białej
- 100 g mięsa mielonego drobiowego lub wieprzowego
- 150 g pieczarek
- 2 łyżki pestek słonecznika
- 1 por
- 1 cebula
- 1 pęczek natki pietruszki
- 5 dużych pomidorów bez skórki lub krojone pomidory w zalewie własnej w słoiku
- sól himalajska, pieprz, cząber suszony, oregano, ostra i słodka papryka
- 2 łyżki oliwy lub oleju rzepakowego nierafinowanego
- 250 ml bulionu drobiowego

Zeszklij na oliwie posiekaną cebulkę przez minutę, dodaj pieprz, sól i pokrojone pieczarki. Duś ok. 5 minut. Następnie dodaj mięso mielone, dużą szczyptę obu suszonych papryk, pestki słonecznika, posiekaną natkę i wymieszaj.

Liście kapusty sparz wrzątkiem. Układaj na środek porcję farszu i zawijaj małe gołąbki. Ułóż je ściśle w formie żaroodpornej.

Na patelnię wlej łyżkę oliwy, dodaj pokrojonego drobno pora, posól i podsmaż 1 minutę. Następnie dodaj pokrojone pomidory bez skórki, pieprz, po dużej szczypcie słodkiej i ostrej papryki, cząbru i wymieszaj. Przesmaż ok. 3 minuty. Następnie wlej bulion i duś ok. 6–8 minut. Opcjonalnie zmiksuj.

Wlej sos pomidorowy do naczynia z gołąbkami i piecz pod przykryciem ok. 20 minut.

Strogonow z pęczakiem na zielono (2 porcje)

- 1 szklanka kaszy pęczak, namoczonej wcześniej na noc
- 250 g polędwiczki wieprzowej lub mięsa drobiowego lub w wersji wege wędzonego tofu
- 1 gałązka tymianku
- 2–4 ogórki kiszone
- 2 czerwone cebule
- natka pietruszki
- 250 g pieczarek lub borowików
- 2 ząbki czosnku
- 3 łyżki oliwy
- imbir
- 1 paczka szpinaku (ok. 150 g)
- 1 por
- 100 g jogurtu greckiego lub roślinnego
- sól himalajska, pieprz czarny, słodka i ostra papryka

Wypłucz kaszę, zalej czystą wodą, osól i dodaj gałązkę tymianku. Gotuj ok. 20 minut do miękkości. Następnie ostudź i ewentualnie wychłodź w lodówce lub ugotuj dzień wcześniej i przechowaj w lodówce (zmniejszy to indeks glikemiczny kaszy).

Na patelni rozgrzej łyżkę oliwy, dodaj pokrojone pieczarki oraz czosnek i starty imbir i przesmaż przez 3 minuty. Dorzuć pokrojone cebulę, plasterki ogórków, dopraw solą oraz pieprzem i duś razem ponownie przez 3 minuty.

Mięso/tofu pokrój w paski, posyp solą, papryką, pieprzem i dokładnie wymieszaj. Smaż na patelni przez ok. 5 minut. Do mięsa/tofu dodaj warzywa z patelni. Dolej jogurt i wymieszaj. Duś jeszcze 3 minuty.

Na łyżeczce oliwy poddduś przez 2 minuty pokrojonego pora, dodaj sól, pieprz, szpinak, 1 ząbek czosnku i duś przez 2 minuty.

Kaszę wymieszaj ze szpinakiem i natką pietruszki.

Strogonow podawaj z kaszą oraz z **sałatą z sosem jogurtowym**:

- 1 główka sałaty lodowej lub rzymskiej
- 150 ml jogurtu greckiego
- 1 ogórek świeży

- 1 ząbek czosnku
- sól himalajska, pieprz
- garść świeżej mięty
- 2 łyżki soku z cytryny

Porwij sałatę na mniejsze kawałki.

Zetrzyj ogórka na tarce, przypraw solą i pieprzem. Po minucie odsącz i wylej sos, który wypłynął z ogórka. Dodaj posiekaną miętę, wlej jogurt i dodaj sok z cytryny oraz wyciśnięty ząbek czosnku. Wymieszaj z sałatą.

Pieczeń idealna (6–8 porcji)

- 1 kg mięsa: polędwicy, mostku, łopatki wołowej lub wieprzowej
- sól himalajska, pieprz, rozmaryn świeży lub suszony, musztarda Dijon
- 3 czerwone cebule
- 2 cebule dymki
- 2 łyżki oliwy
- 3 ząbki czosnku w łupinach

Mięso natrzyj solą, pieprzem, oliwą i rozmarynem. Obsmaż na patelni po 2 minuty z obu stron.

Na dno formy żaroodpornej wyłóż pokrojoną cebulę, posól, dodaj 3 ząbki czosnku w łupinach.

Mięso nasmaruj musztardą, połóż na warzywa w naczyniu, obok ułóż przekrojone wzdłuż dymki, posyp rozmarynem i piecz pod przykryciem ok. 1,5 godziny w 170°C.

Do warzyw dodaj łyżkę musztardy i wymieszaj, użyj ich jako sosu.

Podawaj z **surówką z czerwonej/kiszonej kapusty**:

- miseczka posiekanej czerwonej/kiszonej kapusty
- marchewka
- 1 jabłko
- 1 łyżka octu jabłkowego
- sól himalajska, pieprz
- 4 łyżki posiekanej natki pietruszki

Marchewkę i jabłko zetrzyj na tarce, wymieszaj z kapustą.

Przypraw solą, pieprzem i octem, wygnieć rękoma, aby smaki się wymieszały, i odstaw.

Podawaj posypane posiekaną natką.

Bakłażan z wołowymi kulkami po indyjsku (2 porcje)

- 250 g mielonego mięsa wołowego lub w wersji wege zmielonej brązowej soczewicy ugotowanej wcześniej i schłodzonej w lodówce
- 1 bakłażan
- 1 cebula
- 1 puszka krojonych pomidorów lub 250 ml przecieru pomidorowego z ziołami
- 6 oliwek
- imbir, garam masala, papryka ostra lub chili, sól morska, pieprz, czosnek niedźwiedzi, czosnek granulowany
- 2 łyżki oliwy
- 2 ząbki czosnku
- świeża bazylia

Pokrój bakłażana w plastry, posól i odstaw na 10 minut. Następnie spłucz sól – pozbędziesz się w ten sposób goryczy.

Pokrój bakłażana w kosteczkę, posyp czosnkiem granulowanym, solą, pieprzem i skrop łyżką oliwy.

Mięso mielone/soczewicę przypraw garam masalą, solą, pieprzem, czosnkiem niedźwiedzim i chili. Wymieszaj dokładnie z łyżką zimnej wody.

Uformuj małe kuleczki i przesmaż je po 2 minuty z każdej strony na łyżce oliwy.

Następnie przykryj patelnię i duś na małym ogniu ok. 5 minuty do miękkości. W wersji wege kotleciki z soczewicy piecz przez 20 minut w piekarniku rozgrzanym do 180°C. Przełóż do szklanej miseczki i przykryj talerzem.

Na oliwie po kotlecikach zeszklij pokrojoną w piórka cebulę ok. 2–3 minuty. Dorzuć bakłażana i smaż na małym ogniu, co jakiś czas mieszając, ok. 10 minut.

Dodaj pomidory, wyciśnięty czosnek, przypraw imbirem, papryką, garam masalą i duś ok. 5 minut.

Na koniec dodaj kotleciki, oliwki i duś razem ok. 5 minut. Podawaj ciepłe, posypane ziołami.

Wołowina w pięciu smakach (2 porcje)

- 300 g wołowiny lub innego ulubionego mięsa lub w wersji wege tofu
- 2 łodygi selera naciowego
- opcjonalnie opakowanie kiełków sojowych
- 1 czerwona cebula
- 1 papryczka chili
- 1 cebula dymka ze szczypiorkiem
- 1 cukinia
- 1 pęczek świeżej kolendry lub natki pietruszki
- po dużej szczypcie kopru włoskiego, pieprzu czarnego, mielonych goździków, cynamonu, kminu rzymskiego, ostrej i słodkiej papryki
- 2 łyżki sosu sojowego
- 2 łyżki oleju rzepakowego nierafinowanego
- 2 łyżki sezamu

Pokrój mięso w drobne paski, zalej sosem sojowym, dodaj po dużej szczypcie ostrej i słodkiej papryki.

Na patelni typu wok rozgrzej olej, wrzuć mięso i smaż ok. 10–15 minut.

Dorzuć pokrojonego selera, czerwoną cebulę i dymkę bez szczypiorku, pokrojoną w słupki cukinię, posiekaną papryczkę chili i opcjonalnie kiełki sojowe. Dosyp po dużej szczypcie przypraw i wymieszaj. Smaż ok. 3 minuty. Na koniec dodaj sezam i wymieszaj.

Podawaj posypane szczypiorkiem i natką lub kolendrą.

Wołowina po chińsku (2 porcje)

- 350 g steków wołowych lub w wersji wege naturalnego tofu
- pieprz syczuański, sól himalajska, pieprz czarny, imbir suszony, ostra i słodka papryka, kumin, mielone ziele angielskie
- 2 łyżki orzeszków piniowych uprażonych na suchej patelni lub pestek dyni, słonecznika, płatków migdałowych, sezamu
- 200 g kiełków fasoli mung lub innych (dowolnych)
- warzywa zielone 500 g: brokuły, fasolka szparagowa lub zielone szparagi, cukinia

sos do warzyw: 2 łyżki oliwy + 1 wyciśnięty ząbek czosnku + sok z ćwiartki limonki + sok z ćwiartki pomarańczy + 4 suszone posiekane pomidory + 2 łyżki posiekanej natki lub bazylii – wymieszaj.

Mięso/tofu posyp solą, pieprzem czarnym i zmiażdżonym w moździerzu pieprzem syczuańskim. Wklep przyprawy. Następnie posyp szczyptą mielonego imbiru, obu papryk, kuminu i mielonego ziela angielskiego, polej łyżką oliwy. Natrzyj dokładnie mięso/tofu i odstaw na kilka minut.

Na patelnię grillową wlej 1 łyżkę oliwy, rozgrzej i smaż steki/tofu ok. 6–8 minut z obu stron.

Ugotuj warzywa na parze. Wymieszaj z kiełkami i polej sosem. Podawaj z grillowanym stekiem lub tofu.

Wołowina z warzywami (2 porcje)

- 300 g mielonej wołowiny lub w wersji wege 1 szklanka ugotowanej i wystudzonej w lodówce ciecierzycy lub ze słoika w naturalnej zalewie
- 2 łodygi selera naciowego
- 1 marchewka
- 2 kolorowe papryki
- 1 por
- 1 czerwona cebula
- 1–2 ząbki czosnku
- świeże lub suszone zioła: tymianek, majeranek, oregano, rozmaryn, sól himalajska, pieprz
- 2 łyżki oliwy

Mięso przypraw solą, pieprzem, ziołami (dodaj po dużej szczypcie każdego rodzaju).

Na patelnię wlej olej, wrzuć mięso, posiekaną cebulkę, plasterki marchewki, selera i poddus ok. 10 minut.

Następnie dorzuć wyciśnięty czosnek, pokrojone papryki, pora i duś pod przykryciem kolejne 10 minut.

Podawaj z **surówką z białej kapusty** (2 porcje):

- 2 szklanki posiekanej białej kapusty
- 1 gruszka
- 1 czerwona cebula
- 1 pęczek natki pietruszki
- kilka gałązek świeżej mięty
- 1 mała czerwona papryka
- sól himalajska, pieprz, opcjonalnie chili w płatkach
- sok z 1 cytryny
- 2 łyżki oliwy

Warzywa i gruszkę posiekaj lub zetrzyj na drobne kawałki, całość wymieszaj. Posyp solą, pieprzem, chili, polej sokiem z cytryny i 2 łyżkami oliwy. Dodaj miętę i natkę pietruszki.

Wymieszaj i odstaw, aby smaki się przegryzły.

Polędwiczki z sezamem na szpinaku (2 porcje)

- 300 g polędwiczek z kurczaka lub filetu pokrojonego w paski albo w wersji wege tofu
- 2 łyżki sezamu
- 4 suszone pomidory posiekane w paski
- 2 łyżki oleju z suszonych pomidorów
- świeża bazylia
- 1 cebula
- 100 ml mleczka kokosowego lub jogurtu greckiego
- sól morska, pieprz czarny
- 250 g świeżego szpinaku

- 50 g sera feta
- 2 ząbki czosnku
- oliwa

marynata: 2 łyżki jogurtu greckiego + sok z ½ limonki + szczypta tymianku, suszonej papryki, kolendry, pieprzu i soli – dokładnie wymieszaj.

Umyte polędwiczki/tofu zanurz w marynacie na ok. 1 godzinę lub na całą noc.

Odsącz z marynaty, obtocz w sezamie i przełóż na papier do pieczenia. Piecz w piekarniku nagrzanym do 180°C przez ok. 30 minut.

Na oliwie zeszklij posiekaną cebulę. Dodaj posiekany czosnek i suszone pomidori, olej z pomidorów, mleczko/jogurt i duś ok. 1 minutę. Następnie dorzuć szpinak, dopraw solą i pieprzem, duś ok. 5 minut pod przykryciem. Na koniec wkrusz fetę.

Na talerz wyłóż sos szpinakowy, a na wierzch filety/tofu obtoczone w sezamie. Posyp świeżą bazylią.

Polędwiczka na ciepło z sosem pieczarkowym na szparagach

- 250 g polędwiczki wieprzowej
- 300 g zielonych szparagów lub zielonej/żółtej fasolki szparagowej
- 2 ząbki czosnku
- 1 por
- 250 g pieczarek
- 1 cebula
- opcjonalnie 200 ml mleczka kokosowego
- sól himalajska, pieprz, rozmaryn
- 3 łyżki oliwy
- świeża natka lub koperek do posypania

Łyżeczkę rozmarynu rozetrzyj w moździerzu z łyżką oliwy i dużą szczyptą soli.

Natrzyj polędwiczkę przygotowaną mieszanką i odstaw na 10 minut. Następnie obsmaż na patelni po 2 minuty z obu stron i wstaw w naczyniu żaroodpornym do piekarnika nagrzanego do 180°C. Piecz ok. 30–40 minut.

Na łyżce oliwy zeszklij cebulę ok. 2 minuty, dodaj pieprz, sól, 1 ząbek czosnku i duś ok. 2 minuty. Wsyp pokrojone pieczarki i duś kolejne 5 minut na małym ogniu. Wlej mleczko kokosowe i duś jeszcze 3 minuty.

Fasolkę/szparagi ugotuj na parze.

Na odrobinie oliwy zeszklij drobno pokrojonego i posolonego pora ok. 2 minuty, dodaj posiekany czosnek, ugotowaną fasolkę lub szparagi i wymieszaj.

Na talerz wyłóż fasolkę z dodatkami, na to plastry polędwiczki, polej sosem pieczarkowym i posyp zieleniną.

Klopsy szpinakowe w sosie pomidorowym z kaszą quinoa/gryczaną z warzywami

- 400 g mięsa mielonego z indyka lub łopatki lub w wersji wege zmielona ugotowana soczewica zielona wymieszana z 1 łyżką mąki z ciecierzycy i 1 łyżką mielonego siemienia lnianego
- 1 cebula szalotka lub biała
- 1 czerwona cebula
- kawałek pora
- 1 łyżka skórki otartej z cytryny
- 2 szklanki liści szpinaku
- 1 ząbek czosnku
- 2 łyżki otrąb owsianych lub gryczanych
- sól himalajska, pieprz ziołowy, oregano, ostra i słodka papryka, cząber, kumin, garam masala, cynamon
- 500 g dojrzałych krojonych pomidorów bez skórki
- ½ szklanki bulionu warzywnego
- natka pietruszki lub świeża kolendra
- 1–2 łyżki oliwy

Wlej na patelnię 1 łyżeczkę oliwy, wrzuć pokrojonego pora, czosnek i duś ok. 2 minuty.

Dodaj szpinak, sól, pieprz i duś pod przykryciem ok. 3 minuty.

Do miseczki przełóż zmielone mięso lub soczewicę z dodatkami, wsyp po dużej szczypcie przypraw, dodaj drobno posiekaną cebulę szalotkę/białą oraz szpinak z patelni, otręby, skórkę z cytryny i dokładnie wymieszaj.

Formuj małe kulki i smaż z obu stron po ok. 2–3 minuty.

W garnuszku przesmaż na odrobinie oliwy pokrojone pomidory, dodaj posiekaną cebulę czerwoną, po dużej szczypcie papryki, kuminu, garam masali, cynamonu, soli oraz pieprzu i duś ok. 4 minuty. Dolej bulion i duś do zagęszczenia ok. 5 minut.

Wlej sos na patelnię z klopsami.

Podawaj posypane natką lub kolendrą ze schłodzoną wcześniej w lodówce i odgrzaną kaszą oraz warzywami, a także z **surówką z czerwonej kapusty z orzeszkami** (2 porcje):

- 2 szklanki startej lub posiekanej kapusty czerwonej
- 1 mała sałata rzymska mini lub 1 szklanka posiekanej kapusty włoskiej
- 1 marchewka
- 1 mały buraczek
- 4 gałązki natki pietruszki
- 1 kwaśne jabłko
- 1 seler naciowy
- sól himalajska, pieprz
- 2 łyżki pokruszonych orzechów włoskich, laskowych lub piniowych uprażonych
- 2 łyżki pestek dyni
- 1 łyżka pestek słonecznika

sos: 3 łyżki octu jabłkowego + 1 łyżka ksylitolu + 3 łyżki oliwy lub oleju rzepakowego + 1 duża łyżka musztardy Dijon + 3 łyżki soku z cytryny – dokładnie wymieszaj

Wymieszaj posiekane kapusty (lub kapustę i sałatę) ze startymi: marchewką, buraczkiem, jabłkiem oraz posiekanym drobno selerem. Dopraw solą i pieprzem.

Do warzyw dodaj sos i zostaw na 10 minut, aby się przegryzły.

Dorzuć orzechy, nasiona, posiekaną natkę i wymieszaj.

Pieczona polędwiczka z młodymi warzywami i sosem miętowym (2 porcje)

- 350 g polędwiczki wieprzowej lub filetu z indyka lub w wersji wege 2 cukinie
- 2 marchewki
- 1 pietruszka
- 1 kapusta włoska
- 1 cukinia
- brokuły lub kalafiory
- 250 g pomidorków koktajlowych
- 250 g młodej fasolki szparagowej lub młodych zielonych szparagów
- świeży lub suszony rozmaryn/oregano, sól himalajska, 2 ząbki czosnku, musztarda Dijon, ocet jabłkowy, oliwa
- 10 orzechów nerkowca lub migdałów
- 1 pęczek świeżej mięty

Mięso natrzyj solą oraz pieprzem i obsmaż ok. 2 minuty z obu stron.

Zmiażdż w moździerzu 2 ząbki czosnku z łyżką rozmarynu lub oregano, 2 łyżkami oliwy i dużą szczyptą soli oraz 2 łyżkami octu i łyżką musztardy Dijon.

Mięso/cukinie przełóż do formy żaroodpornej, nasmaruj dokładnie marynatą. Obok ułóż pomidorki koktajlowe i wstaw formę do piekarnika. Piecz ok. 30 minut w 180°C pod przykryciem (cukinię piecz krócej).

Ugotuj na parze warzywa z dodatkiem gałązek mięty bez listków (listki wykorzystasz do przygotowania sosu).

Zblenduj ½ szklanki listków mięty z dużą szczyptą soli, 10 orzechami nerkowca, 1 łyżką octu jabłkowego i 2 łyżkami oliwy na sos.

Ciepłe mięso pokrój w plastry, podaj z warzywami wymieszanymi z sosem miętowym oraz upieczonymi pomidorkami.

Papryka faszerowana mięsem mielonym (4 porcje)

- 4 papryki czerwone lub kolorowe
- 150 g mięsa mielonego wieprzowo-wołowego lub drobiowego lub w wersji wege ugotowanej i wystudzonej w lodówce soczewicy brązowej
- 1 czerwona cebula
- 1 ząbek czosnku
- kilka gałązek natki lub kolendry
- ostra i słodka papryka, pieprz, sól himalajska, kumin

Papryki przekrój na pół i wyjmij pestki, skrop oliwą, posyp solą i pieprzem oraz nakłuj widelcem.

Mięso/soczewicę wymieszaj z posiekaną zieleniną, dużą szczyptą obu papryk, pieprzu, kuminu, soli i posiekanej drobno cebuli.

Nałóż farsz do papryk, wstaw do formy do zapiekania i piecz ok. 30 minut w 190°C (w wersji z soczewicą wystarczy 20 minut).

Podawaj z **sałatą z musztardowym dressingiem**:

- główka sałaty masłowej
- 1 dymka ze szczypiorkiem
- 2 łyżki koperku posiekanego

sos: 1 łyżka musztardy Dijon + łyżka oliwy + 1 łyżka octu jabłkowego – wymieszaj.

Sałatę podziel na listki i porwij na mniejsze kawałki.

Posyp koperkiem i posiekaną dymką, polej sosem.

Podwieczorki

To propozycje posiłków skierowane do osób, które chodzą do pracy po południu, na tzw. drugą zmianę. Dzięki wartościowemu podwieczorkowi zabranemu z domu, wraca się nie tak głodnym i zjada mniejszą kolację.

Sałatka na ciepło z rzodkiewkami (2 porcje)

- 6 rzodkiewek
- 1 marchewka
- 1 mała kapusta pekińska lub inna dowolna: włoska, rzymska (ok. 250 g)
- 2 łodygi selera naciowego
- 1 łyżka oliwy
- 1 cebula dymka ze szczypiorkiem
- opcjonalnie 1 ząbek czosnku
- kawałek imbiru
- 1 łyżka sezamu
- 1 łyżeczka sosu sojowego
- sól himalajska, pieprz

Sałatę i dymkę posiekaj, selera i rzodkiewki pokrój w plasterki.

Na patelnię wlej oliwę, dodaj posiekaną dymkę bez szczypiorku, czosnek i starty imbir, przypraw solą oraz pieprzem i przesmaż 1 minutę.

Wrzuć selera, rzodkiewki, startą marchew oraz sałatę i duś 5 minut. Dodaj sos sojowy i posyp sezamem, podgrzej jeszcze 1 minutę.

Podawaj posypane szczypiorkiem.

Sałatka z pieczoną ciecierzycą (2–4 porcje)

- 1 szklanka ciecierzycy suchej namoczonej na noc
- duża szczypta kuminu, ostrej i słodkiej papryki, soli himalajskiej, tymianek lub oregano
- 2 łyżki oliwy

- 2 ząbki czosnku
- 2 kolorowe papryki
- 2 czerwone cebule
- 1 dymka ze szczypiorkiem
- 2 szklanki szpinaku
- 6 suszonych pomidorów
- garść świeżej bazylii
- opcjonalnie glon kombu/arame
- 2 łyżki uprażonych orzechów piniowych lub włoskich lub pestek dyni/słonecznika

Ciecierzycę wypłucz, wrzuć do garnka, wlej litr wody. Gotuj na małym ogniu ok. godzinę w lekko osolonej wodzie z dodatkiem ząbków czosnku i szczypty tymianku lub oregano (ewentualnie z odrobiną glonu kombu lub arame, co zwiększy strawność ciecierzycy).

Odcedź nasiona i przesyp do miski, zasyp przyprawami i polej oliwą. Wymieszaj i zostaw w lodówce przynajmniej na godzinę.

Na blachę wyłóż papier do pieczenia, nagrzej piekarnik do 190°C i wsyp nasiona. Obok wyłóż pokrojone grubo papryki, cebule i czosnek, skropione oliwą i oprószone solą. Piecz góra–dół przez 25–30 minut aż do zarumienienia.

W misce wymieszaj szpinak z pokrojonymi suszonymi pomidorami. Dodaj świeżą bazylię, posiekaną dymkę, upieczoną ciecierzycę z warzywami, posyp orzechami i skrop oliwą z pomidorów.

Sałatka z rukoli i roszponki z młodą cebulą i grillowanymi szparagami (2 porcje)

- 50 g roszponki
- 50 g rukoli
- 250 g zielonych szparagów
- 50 g sera feta lub mozzarelli
- 1 twarda gruszka
- 2 cebule dymki
- sól himalajska, pieprz
- 2 łyżki oliwy
- 1 łyżka pestek dyni
- 1 limonka

Grilluj szparagi po ok. 5 minut z obu stron na suchej patelni grillowej. Kiedy się zarumienią, wyłącz gaz pod patelnią i zalej je łyżką oliwy i sokiem z połowy limonki.

Przełóż do miski.

Dodaj sałaty, posiekane dymki, startą gruszkę i wymieszaj. Skrop oliwą, sokiem z limonki i posyp solą oraz pieprzem. Wkrusz fetę lub mozzarellę, posyp pestkami.

Sałatka z cukinią, mozzarellą i szynką prosciutto (2 porcje)

- 1 gruszka lub 100 g mango
- 1 cukinia
- 1 marchewka
- opcjonalnie 6 młodych szparagów
- mozzarella mini lub 1 kulka
- 4 plastry szynki dojrzewającej prosciutto bez konserwantów (lub dowolnej typu parmeńska, szwarcwaldzka bez konserwantów)
- garść liści mięty
- świeża bazylia
- 2 łyżki oliwy
- słodka lub ostra papryka lub płatki chili, sól himalajska, pieprz
- sok z połowy cytryny i 1 łyżka skórki z niej otartej

Przygotuj sos: liście mięty zawiń w rulon i drobno posiekaj. Dodaj sól, pieprz, dużą szczyptę ulubionej papryki, 1 łyżkę skórki z cytryny, oliwę, sok z połowy cytryny i dokładnie wymieszaj.

Cukinie, marchewki i szparagi pokrój obieraczką we wstążki. Polej sosem i wymieszaj.

Dodaj kulki mozzarelli, pokrojoną gruszkę lub mango oraz szynkę.

Całość posyp bazylią.

Kasza z sosem brokułowym (2 porcje)

- 1 główka brokułu
- 50 g sera feta lub koziego
- 50 ml mleka kokosowego lub jogurtu greckiego

- 1 szklanka kaszy gryczanej, komosy ryżowej lub pęczaku (ugotuj je wcześniej i wystudź w lodówce, aby obniżyć indeks glikemiczny)
- 6 suszonych pomidorów
- 1 cebula dymka ze szczypiorkiem
- 2 ząbki czosnku
- tymianek świeży lub suszony
- 1 duża łyżka słonecznika
- parę gałązek świeżej bazylii
- sól himalajska, pieprz, ostra papryka

Odkrój z brokułu różyczki, a łodygę zostaw na sos.

Zmiksuj łodygę z suszonymi pomidorami z oliwy, czosnkiem, posiekaną dymką ze szczypiorkiem, szczyptą soli i pieprzu oraz suszonej ostrej papryki. Dolej ½ szklanki wody i wlej całość do rondelka, gotuj 5 minut. Na koniec dodaj mleko kokosowe/jogurt grecki i wymieszaj.

Różyczki brokułów ugotuj na parze.

Kaszę polej sosem brokułowym, posyp brokułami ugotowanymi na parze oraz ziarnami słonecznika. Lekko wymieszaj.

Posyp pokruszonym serem, świeżym tymiankiem i bazylią.

Sałatka ze szparagami i łososiem (2 porcje)

- 50 g wędzonego na zimno łososia
- 2 garście ulubionej sałaty: rukoli, roszponki, miksu sałatkowego
- 1 pęczek zielonych szparagów
- 1 cebula dymka ze szczypiorkiem
- tarty chrzan
- 2 łyżki oliwy
- sól himalajska, pieprz
- 2 łyżki kaparów
- 2 łyżki oliwek
- 2 łyżki pestek dyni lub orzechów włoskich
- sok z 1 cytryny i duża szczypta skórki z niej otartej

Sałaty wyłóż do miski, wymieszaj z posiekaną dymką ze szczypiorkiem.

Szparagi ugotuj na parze, potnij na mniejsze kawałki. Wymieszaj delikatnie warzywa.

Na dno miski wyłóż 2 łyżki chrzanu wymieszane z łyżką oliwy, na to sałaty z warzywami i delikatnie wymieszaj. Dodaj kawałki łososia, posyp kaparami i oliwkami, orzechami lub pestkami, oprósz solą i pieprzem.

Dodaj sok z cytryny i posyp dużą szczyptą startej skórki z cytryny.

Skrop oliwą.

Sałatka po indyjsku z ciecierzycą (4 porcje)

- 1 szklanka ugotowanej ciecierzycy schłodzonej w lodówce
- 3 kolorowe papryki
- 3 duże słodkie pomidory
- 1 duża czerwona cebula
- 1 bakłażan
- 10 oliwek
- 2–3 ząbki czosnku
- sól himalajska, pieprz czarny, świeży imbir (1 cm), kurkuma, garam masala, kumin, słodka i ostra papryka
- 2 łyżki oliwy
- 1 pęczek świeżej kolendry lub natki pietruszki

Pokrój bakłażana w grubą kostkę, posól i odstaw na 10 minut. Następnie spłucz wodą, osusz i ponownie osól (dzięki temu nie będzie gorzki).

Przypraw bakłażana suszoną papryką, pieprzem i skrop łyżką oliwy.

Na patelnię wlej łyżkę oliwy, dodaj pokrojoną cebulę, papryki posiekane w grubą kostkę, bakłażana, drobno pokrojony czosnek. Posyp dużą szczyptą kuminu oraz garam masali i przesmażaj ok. 5 minut, mieszając.

Dodaj pokrojone pomidory bez skórki, starty imbir, łyżeczkę kurkumy i duś ok. 10 minut. Wsyp ciecierzycę, dodaj oliwki i duś jeszcze 5 minut.

Podawaj posypane świeżymi ziołami.

Kolacje

Zapiekanka z kalafiora (4 porcje)

- 1 kalafior świeży lub 400 g mrożonego
- 1 brokuł świeży lub 400 g mrożonego
- 1 szklanka szpinaku
- 2 łyżki oleju kokosowego
- 1 por
- 1–2 ząbki czosnku
- 200 ml mleczka kokosowego
- 250 ml bulionu
- 50 g sera feta
- rozmaryn, sól himalajska, pieprz, gałka muszkatołowa
- ½ szklanki płatków migdałowych
- 2 łyżki orzeszków piniowych lub pestek dyni, słonecznika

sos do zapiekanki: 1 jajko roztrzepane z 200 ml gęstego mleka kokosowego, wymieszane ze szczyptą soli, pieprzu, gałki muszkatołowej

Brokuł i kalafior podziel na kawałki i ugotuj na parze.

Na oleju zeszklij grubo pokrojonego i posolonego pora przez 2–3 minuty.

Połowę brokułu i szpinak oraz czosnek zmiksuj z sosem kokosowo-jajecznym i dodaj pokruszoną fetę.

Resztę warzyw wymieszaj z porem z patelni i dodaj szczyptę rozmarynu. Przełóż warzywa do naczynia żaroodpornego. Polej sosem i posyp migdałami oraz orzechami/pestkami.

Zapiekaj ok. 15 minut w 190°C.

Sałatka z ciecierzycą i szpinakiem na kolorowo (4 porcje)

- 1 szklanka ugotowanej ciecierzycy, schłodzonej w lodówce lub ugotowanej poprzedniego dnia
- 3 duże kolorowe papryki
- 3 dojrzałe słodkie pomidory
- 1 por
- 1 dymka ze szczypiorkiem
- 100 g szpinaku
- 1 łyżka oliwy
- 1 czerwona cebula
- świeża bazylia
- sól himalajska, pieprz, ostra i słodka papryka, świeży czosnek

Na patelnię wlej olej, dodaj posiekanego pora, posól i duś przez 2 minuty.

Dorzuć pokrojone grubo papryki, cebulę, posyp papryką, wyciśniętym czosnkiem, pieprzem i duś przez 3 minuty.

Gotowe ciepłe warzywa przesyp do miski, dodaj ciecierzycę, świeży szpinak, posiekaną dymkę ze szczypiorkiem oraz pokrojone w kostkę pomidory i wymieszaj. Delikatnie dopraw do smaku solą i pieprzem, posyp bazylią.

Pieczarki faszerowane (2 porcje)

- 6 dużych pieczarek grillowych lub 10 mniejszych
- 100 g mięsa mielonego drobiowego lub wieprzowego z szynki, łopatki lub w wersji wege 100 g ugotowanej soczewicy, komosy ryżowej lub kaszy gryczanej (schłodzonej w lodówce lub ugotowanej poprzedniego dnia)
- 1 szklanka pokrojonej cukinii
- 1 cebula dymka ze szczypiorkiem
- 1–2 ząbki czosnku
- natka pietruszki
- 1 mała papryka

- 1 słodki pomidor
- tymianek, cząber, sól himalajska, pieprz, ostra i słodka papryka
- 2 łyżki oliwy

Z pieczarek odetnij nóżki. Kapelusze skrop oliwą i posyp ziołami.

Na łyżce oliwy zeszklij posiekaną cebulę przez minutę, następnie dodaj drobno pokrojoną paprykę, czosnek, cukinię, mięso i pomidora, wsyp przyprawy i duś ok. 15 minut. Jeśli używasz soczewicy lub komosy, dodaj ją 5 minut przed końcem duszenia warzyw.

Farsz wymieszaj z posiekaną natką i szczypiorkiem, nadziej pieczarki i ułóż je w naczyniu żaroodpornym.

Zapiekaj ok. 15–20 minut w 180°C.

Sałatka z buraczkami i szynką prosciutto (2 porcje)

- 4 podłużne buraki
- 100 g serka koziego lub innego ulubionego, np. fety
- 4 plastry szynki prosciutto lub podobnej bez konserwantów lub w wersji wege 50 g tofu wędzonego
- 2 garście rukoli, roszponki lub miksu sałat
- 2 łyżki orzechów włoskich lub piniowych uprażonych na suchej patelni
- 2 łyżki oliwy lub oleju rzepakowego nierafinowanego lub z pestek dyni
- 2 łyżki gęstego octu balsamicznego
- sól himalajska, pieprz, duża szczypta tymianku lub oregano świeżego lub suszonego

Buraki ugotuj na parze. Wystudź w lodówce najlepiej przez całą noc, żeby obniżyć indeks glikemiczny.

Pokrój je na plasterki, skrop oliwą i posyp solą, pieprzem, oregano lub tymiankiem i wymieszaj.

Szynkę pokrój w paski i usmaż na chrupiąco na suchej patelni.

Na talerz wyłóż sałaty, a na to plastry buraka, przekładane plastrami sera. Polej oliwą, skrop octem, posyp chrupiącą szynką, orzechami i dużą szczyptą pieprzu i soli.

Sałatka z serem halloumi (2 porcje)

- 1 paczka szpinaku
- 1 marchewka
- 1 czerwona cebula
- 2 duże pomidory lub 10 koktajlowych
- 1 paczka kiełków rzodkiewki
- 1 dymka ze szczypiorkiem lub ½ szklanki rzeżuchy
- 100 g sera halloumi lub tofu
- 1 pęczek natki pietruszki lub kolendry
- 1 łyżka sezamu
- sól himalajska, pieprz
- 2 łyżki oliwy
- 1 limonka

Pokrój ser w grube plastry. Usmaż na rumiano z jednej strony, przewróć, posyp sezamem i smaż z drugiej strony.

Szpinak wymieszaj w misce z kiełkami i rzeżuchą lub posiekaną dymką. Dorzuć wiórki z marchewki, posiekaną cebulkę i wymieszaj.

Dodaj ser w sezamie, pokrojone pomidory, natkę/kolendrę, skrop oliwą i sokiem z limonki, posyp solą i pieprzem.

Sałatka z grillowanych warzyw z fetą (2 porcje)

- 1 cukinia
- 2 pomidory
- 1 duża cebula
- 2 garście świeżej mięty i bazylii
- 5 suszonych pomidorów
- 6 oliwek
- 3 łyżki posiekanych migdałów
- 50 g sera feta
- 2 łyżki oliwy

- sól himalajska, pieprz
- 2 ząbki czosnku

Cebule i pomidory pokrój w plastry, cukinię we wstążki, czosnek w plasterki, skrop oliwą, osól lekko i grilluj warzywa przez 3–4 minuty.

Przełóż na talerz, dodaj oliwki, zioła, pieprz, pokrojone suszone pomidory, migdały i wkrusz ser feta.

Sałatka z buraczków i koziego sera (2 porcje)

- 1 burak
- 1 jajko ugotowane na twardo
- 200 g ugotowanej fasolki szparagowej lub szparagów
- 100 g rukoli
- oliwa
- ocet balsamiczny
- 50 g sera koziego, fety lub mozzarelli, grillowanego halloumi
- świeża bazylia
- 2 łyżki orzechów włoskich
- sól, pieprz

Buraka obierz, pokrój w plasterki i skrop oliwą, oprósz solą oraz pieprzem i polej octem balsamicznym. Grilluj plastry przez 3 minuty.

Do miseczki wsyp pokrojoną fasolkę, rukolę, pokrojone plastry buraka, kawałki sera, ćwiartki jajka, zioła, posyp orzechami i skrop oliwą oraz octem.

Sałatka z tuńczykiem i ziołową mozzarellą (2 porcje)

- 1 kulka mozzarelli lub w wersji wege tofu wędzone
- 1 jajko na twardo lub w wersji wege 1 łyżka orzechów włoskich
- 100 g tuńczyka w kawałkach z puszki w oleju lub w wersji wege 1 arkusz glonów nori podzielony na małe kawałki
- 10 pomidorków koktajlowych

- szczypiorek
- 100 g rukoli
- 2 łyżki kaparów lub posiekanych oliwek
- sól himalajska, pieprz

sos ziołowy: 3 łyżki oliwy + łyżeczka suszonego lub świeżego oregano + szczypta soli, pieprzu i suszonej bazylii – wymieszaj.

Pokrusz mozzarellę, polej ziołowym sosem i zostaw na 10 minut.

W miseczce wymieszaj tuńczyka z oliwkami/kaparami, posiekanym szczypiorkiem, marynowaną mozzarellą, pokrojonymi pomidorkami i delikatnie wymieszaj. Na koniec dodaj jajko.

Sałatka à la nicejska (2 porcje)

- 100 g tuńczyka z puszki w oleju w kawałkach lub w wersji wege tofu wędzone
- 2 jajka lub w wersji wege 1 łyżka orzechów włoskich
- 4–6 listków sałaty lodowej
- 100 g fasolki szparagowej (ugotowanej al dente 6 minut we wrzątku)
- 1 dymka ze szczypiorkiem
- 1 świeży ogórek
- 6 czarnych oliwek
- 1 łyżka sezamu lub pokruszonych orzechów laskowych

dressing bazyliowo-pomidorowy: garść posiekanej bazylii + 2 łyżki musztardy + 3 łyżki oliwy z suszonych pomidorów + 1 łyżka soku z limonki + pieprz + 2 ząbki czosnku + 4 suszone pomidory – wymieszaj.

Sałatę porwij na kawałki. Wymieszaj z fasolką, tuńczykiem odsączonym z oliwy, posiekaną dymką ze szczypiorkiem, pokrojonym na wstążki ogórkiem, pokrojonymi oliwkami. Na wierzchu ułóż ćwiartki jajka, polej dressingiem, posyp sezamem lub pokruszonymi orzechami laskowymi.

Sałatka szpinakowa z mozzarellą i figą (2 porcje)

- 2 garście liści szpinaku
- 2 figi świeże
- 100 g miksu sałat z rukolą lub roszponką, lub sałatą lodową
- 1 kulka mozzarelli
- 4 suszone pomidory
- 6 czarnych oliwek
- 2 łyżki pestek dyni
- 1 świeży ogórek
- kilka listków bazylii i mięty

sos ziołowy: 1 łyżka oliwy + szczypta startej skórki z cytryny + 1 łyżeczka soku z cytryny + 1 zmiażdżony ząbek czosnku + 2 łyżki posiekanych ziół (bazylii, oregano i natki pietruszki) + sól, pieprz + łyżeczka musztardy – wymieszaj w słoiczku do konsystencji emulsji.

Szpinak wymieszaj z sałatami, dodaj pokrojonego w plastry ogórka, suszone pomidorki i porwaną na kawałki mozzarellę.

Posyp pokrojonymi w talarki oliwkami, ziołami, pestkami dyni, dodaj pokrojone w ćwiartki figi i polej sosem.

Zielona fantazja warzywna z sosem cebulowym (2 porcje)

- 1 główka młodych brokułów
- 200 g szparagów
- 1 mała kapusta włoska (ok. 250 g)
- 1 por
- 1 dymka ze szczypiorkiem
- oliwa

salsa cebulowo-bazyliowa: 1 mała czerwona cebulka starta na tarce o drobnych oczkach + 1 wyciśnięty ząbek czosnku + 1 duży dojrzały pomidor malinowy zmiksowany z garścią bazylii na purée + szczypta soli himalajskiej, pieprzu + 2 łyżki oliwy + sok z połowy limonki

Zielone warzywa (brokuły, szparagi i pokrojoną kapustę) ugotuj na parze.

Na oliwie zeszklij posiekanego pora i dymkę, posyp solą i pieprzem. Wymieszaj z warzywami. Podawaj potrawę polaną salsą pomidorową, posypaną posiekanym szczypiorkiem.

Możesz też podawać z ugotowaną wcześniej kaszą pęczak, gryczaną lub komosą (wystudzoną w lodówce i ponownie odgrzaną, aby zmniejszyć indeks glikemiczny), wymieszaną z pestkami dyni lub słonecznika.

Ryba w galarecie (4 porcje)

- 100 g filetu z ryby bez ości
- 2 jajka ugotowane na twardo
- 1 marchewka
- 1 pietruszka
- 1 czerwona cebula
- żółta i czerwona papryka
- 1 ogórek
- 1 pomidor
- 2 łodygi selera naciowego
- natka pietruszki lub kolendry
- 1,5 litra bulionu warzywnego
- 2 liście laurowe, 3 ziela angielskie
- 3 łyżki żelatyny rozpuszczone w 100 ml zimnej wody
- sok z połowy cytryny/ocet jabłkowy

Wlej bulion do garnuszka, dodaj liść laurowy i ziele angielskie, pokrojoną w cienkie plasterki marchewkę i pietruszkę oraz selera. Gotuj ok. 10 minut. Następnie wrzuć do bulionu kawałki ryby i zagotuj jeszcze 5 minut.

Warzywa i rybę odcedź.

Bulion wymieszaj z rozpuszczoną żelatyną i wstaw do stężenia w chłodne miejsce.

Do foremek na galaretkę wyłóż na dno porcję ugotowanych w bulionie warzyw, na to kawałek ryby, plasterek ogórka, pomidora, jajka, obu cienko pokrojonych papryk i posyp natką. Zalej tężejącą galaretką i zostaw w lodówce do całkowitego stężenia.

Podawaj skropione sokiem z cytryny lub octem jabłkowym.

Sałatka z pieczonych warzyw z hummusem (2 porcje)

hummus:

- 1 szklanka ciecierzycy ugotowanej z odrobiną sody oczyszczonej (wypłucz ciecierzycę wrzątkiem z sodą)
- 1 łyżka tahini
- 2 ząbki czosnku
- szczypta chili
- sok z 1 limonki
- pieprz czarny
- 1 łyżka musztardy
- 4 łyżki oleju rzepakowego
- 1 szklanka zielonej natki lub kolendry

Wszystkie składniki zmiksuj. W razie potrzeby rozrzedź zimną wodą.

sałatka:

- pomidorki koktajlowe
- główka czosnku
- 2 łyżki oliwy z oliwek
- 2 łyżki orzechów włoskich
- 1 cukinia
- 1 czerwona cebula
- sól himalajska, szczypta tymianku, oregano i cząbru
- paczka rukoli
- świeże zioła: bazylia, kolendra
- 50 g sera feta

Pomidorki i pokrojoną w plastry cukinię posól i polej olejem, posyp ziołami i ułóż na papierze do pieczenia. Obok umieść przekrojoną na pół główkę czosnku w łupinie i cebulę pokrojoną w ćwiartki. Zapiekaj w 220°C z termoobiegiem.

Na talerz wlej łyżkę hummusu. Następnie wyłóż rukolę, na to pieczone warzywa, wyciśnięty z łupinek czosnek i delikatnie wymieszaj. Posyp orzechami i pokruszoną fetą, ponownie polej hummusem i posyp ziołami.

Wiosenna zupa minestrone (4 porcje)

- 2 cebule dymki
- 10 pomidorków koktajlowych
- 1 marchewka
- 1 pęczek zielonych szparagów lub 200 g młodej fasolki szparagowej
- 1 pęczek botwinki
- 1 mały kalafior lub brokuł (ok. 200 g)
- 1 kapusta rzymska mini lub połowa małej główki kapusty włoskiej
- 1 litr bulionu warzywnego
- 2 ząbki czosnku
- sól himalajska, pieprz
- 2 łyżki oliwy
- świeża natka pietruszki

Na oliwie zeszklij posiekaną dymkę ze szczypiorkiem ok. 1 minutę, dodaj czosnek, pokrojoną drobno marchewkę, szparagi/fasolkę, kalafior/brokuł, pokrojoną kapustę i botwinkę. Przypraw solą oraz pieprzem i przesmaż ok. 2 minuty.

Zalej bulionem i gotuj ok. 15 minut. Dodaj pokrojone pomidorki i gotuj jeszcze 2 minuty.

Podawaj posypane świeżą natką.

Ostra zupa rybna z fasolką (2–4 porcje)

- 300 g ryby bez ości: łosoś, halibut, dorsz
- 2 łodygi selera naciowego
- kawałek pora
- 1 pęczek natki pietruszki lub kolendry
- 250 g fasolki szparagowej
- 1 l bulionu warzywnego lub drobiowego
- 2 cebule szalotki lub 1 zwykła
- kawałek imbiru
- kawałek chili
- 2 ząbki czosnku

- sól himalajska, pieprz czarny, kurkuma, liść laurowy, ziele angielskie
- 2 łyżki oliwy
- limonka

Rybę skrop sokiem z limonki i posyp solą oraz pieprzem.

Na oliwie przesmaż pokrojonego w talarki pora, cebulę, posiekany imbir i chili oraz pokrojony czosnek ok. 2 minuty. Przypraw solą, kurkumą i pieprzem.

Dodaj pokrojonego i obranego selera i fasolkę, zalej bulionem. Gotuj ok. 20 minut, następnie dodaj kawałki ryby i zagotuj jeszcze ok. 5–7 minut.

Podawaj posypane zieleniną.

Grillowana cykoria ze szparagami (2–4 porcje)

- 4 cykorie
- 250 g zielonych szparagów lub zielonej fasolki szparagowej
- 250 g kolorowych pomidorków lub innych dowolnych
- kilka gałązek natki, kolendry lub szczypiorku

przyprawy do dressingu: 2 łyżki rozmarynu lub oregano, ząbek czosnku, 2 łyżki oliwy, 1 łyżeczka octu balsamicznego, szczypta soli, pieprzu

Cykorie przekrój na pół i wyłóż na patelnię grillową bez oleju. Smaż z obu stron na wolnym ogniu tak, aby odbiły się paski z patelni.

Szparagi ugotuj na parze.

Przygotuj dressing: w moździerzu rozgnieć 2 łyżki posiekanych ziół z czosnkiem, szczyptą soli, pieprzu, 2 łyżkami oliwy, łyżką gęstego octu balsamicznego i wymieszaj.

W misce wymieszaj pokrojone szparagi z drobno pokrojoną grillowaną cykorią, dodaj posiekane pomidorki i polej dressingiem.

Podawaj posypane posiekaną zieleniną.

Tortille gryczane z kurczakiem i warzywami (2 porcje)

ciasto:
- 1 szklanka kaszy gryczanej zmielonej na mąkę
- 1 jajko
- szczypta soli himalajskiej, ostrej papryki, czosnku niedźwiedziego
- 1 łyżeczka oliwy

Mąkę przesiej na stolnicę, dodaj sól, przyprawy, wbij jajko i wlej olej. Wymieszaj za pomocą noża i wlej ok. 1–1,5 szklanki wody, aby ciasto było gęste. Rozwałkuj na placki i smaż na suchej patelni do zarumienienia.

dodatki:
- czerwona cebula
- 100 g kiszonej kapusty
- sałata lodowa lub rzymska
- ogórek kiszony lub świeży
- czerwona papryka

kurczak:
- 1 filet z kurczaka lub indyka (ok. 300 g)

marynata: 2 łyżki sosu sojowego + 1 łyżka miodu + 1 łyżeczka słodkiej papryki + kawałek świeżego imbiru + 2 łyżki czosnku granulowanego lub niedźwiedziego + pieprz + świeża bazylia – zmiksuj.

sos czosnkowy: jogurt grecki wymieszaj z łyżką musztardy, miodu, czosnkiem, solą oraz pieprzem i posiekanym szczypiorkiem.

Mięso zostaw na minimum godzinę w marynacie. Grilluj ok. 5 minut.

Na środek podgrzanego placka nałóż porcję sosu, ułóż liść sałaty, porcję kapusty i warzyw, porcję mięsa i zawiń w rożek.

Kuskus z kalafiora z kurczakiem (2 porcje)

- 300 g kalafiora
- kawałek pora
- 300 g mięsa z kurczaka lub indyka
- 1 papryczka chili
- kawałek imbiru
- 2 ząbki czosnku
- sól himalajska, pieprz, sos sojowy light, curry
- natka pietruszki
- 2 łyżki oliwy
- 100 ml mleka krowiego lub roślinnego

Kurczaka/indyka pokrój i przypraw sosem sojowym i curry. Na oliwie zeszklij kawałek chili, imbir, czosnek ok. 1 minutę, dodaj kurczaka oraz pora i duś ok. 10 minut.

Zblanszuj cząstki kalafiora w gotującej się wodzie z mlekiem i solą ok. 5 minut. Odsącz z płynu. Rozdrobnij kalafiora widelcem, przypraw solą i pieprzem oraz posiekaną natką. Podawaj z ciepłym kurczakiem curry.

Papryki zapiekane z farszem gryczanym (2 porcje)

- 4 długie czerwone papryki lub inne (dowolne)
- ½ szklanki kaszy gryczanej suchej
- 1 pęczek natki pietruszki
- 1 dymka ze szczypiorkiem
- 3 łyżki orzechów włoskich
- 1 por
- oliwa
- sól himalajska, pieprz, świeży lub suszony tymianek lub oregano

Ugotuj kaszę w 1,5 szklanki lekko osolonej wody. Wystudź i wstaw do lodówki, najlepiej na całą noc lub minimum na godzinę (obniży to indeks glikemiczny kaszy).

Papryki oczyść w środku, skrop oliwą, posyp solą i pieprzem z każdej strony.

Kaszę wymieszaj z rozdrobnionymi orzechami, posiekanym drobno porem, dymką ze szczypiorkiem oraz natką. Dopraw solą, pieprzem, świeżymi/suszonymi ziołami.

Wypełnij papryki farszem, ułóż obok siebie w naczyniu żaroodpornym i nakłuj.

Piecz pod przykryciem ok. 20 minut w 200°C, następnie odkryj pokrywkę i dopiekaj ok. 15 minut.

Podawaj z **zieloną sałatką**:

- 1 mała sałata lodowa lub miks sałat
- 2 garście roszponki
- 1 miękkie awokado
- 150 ml mleczka kokosowego lub jogurtu greckiego
- 1 limonka
- 2 łyżki oliwy
- kilka listków natki pietruszki lub 2 garście rzeżuchy
- sól himalajska, pieprz, łyżeczka czosnku niedźwiedziego
- szczypiorek

Sałatę podziel na listki. Wymieszaj w misce oba rodzaje. Dodaj połowę awokado pokrojonego w kawałki lub wyjętego łyżeczką.

Resztę awokado zblenduj z 3 gałązkami natki/rzeżuchą, oliwą, mleczkiem lub jogurtem, szczyptą soli i pieprzu, czosnku oraz sokiem z połowy limonki.

Sałaty polej sosem i posyp szczypiorkiem.

Kotleciki jajeczne z czarnuszką i sosem szpinakowym (2 porcje)

- 5 jajek
- 1 kulka mozzarelli
- 4 gałązki natki pietruszki
- 1 cebula dymka ze szczypiorkiem
- 1 pęczek szpinaku sałatkowego lub duży pęczek polnego (ok. 300g)
- 150 ml mleczka kokosowego z puszki lub jogurtu greckiego

- 2 ząbki czosnku
- kawałek pora
- sól himalajska, pieprz, ostra i słodka papryka, musztarda Dijon, opcjonalnie czarnuszka
- 2 łyżki oliwy lub oleju rzepakowego nierafinowanego
- 2 łyżki otrąb owsianych lub gryczanych

kotleciki:

Ugotuj 4 jajka i zmiel je w maszynce. Do masy jajecznej dodaj posiekaną dymkę ze szczypiorkiem, natkę, roztrzepane jajko, łyżeczkę musztardy, dużą szczyptę soli, pieprzu i obu papryk, czarnuszki oraz startą mozzarellę.

Wyrób masę, aby składniki się wymieszały. Formuj kotleciki, obtocz w otrębach i smaż na małym ogniu po przez 1 minutę z obu stron do zarumienienia.

sos szpinakowy:

Na oliwie zeszklij przez minutę posiekanego pora. Dodaj szczyptę soli, pieprzu, pokrojony czosnek oraz szpinak i duś pod przykryciem przez 4 minuty.

Wlej mleczko kokosowe lub jogurt, wymieszaj i zagrzej 1–2 minuty.

Kotleciki podawaj w sosie, z dodatkiem kaszy gryczanej, pęczak lub komosy ryżowej.

Omlet ze szpinakiem (1 porcja/2 szt.)

- 1 szklanka szpinaku
- 1 jajko
- 1 cebula
- 1 mały ząbek czosnku
- 3 plastry cukinii
- 1 łyżka oliwy
- 5 pomidorków koktajlowych
- sól himalajska, pieprz

Na patelnię wlej olej, dodaj posiekaną cebulkę, posyp solą i pieprzem i zeszklij przez 2 minuty.

Dodaj czosnek, szpinak, cukinię, pomidorki i poddus pod przykryciem przez 2 minuty, aż szpinak zmięknie.

Jajko ubij trzepaczką, wlej na patelnię i przykryj, aby masa się ścięła.

Desery

Dobrze wiemy, że desery na diecie z niskim indeksem to bardzo trudny i kontrowersyjny temat. Musimy mieć bowiem świadomość tego, że tradycyjne „słodkie" jest absolutnie wykluczone, bo nasila efekty choroby.

Moim zamierzeniem jest zaproponowanie takich składników w deserach, aby wyrządzały one jak najmniej krzywdy, nie powodowały dużych wyrzutów cukru do krwi, ale jednocześnie, żeby ich jedzenie sprawiało przyjemność. Pamiętaj, że deser możesz włączyć do swojej diety wtedy, kiedy Twoje cukry i insulina są już na tyle opanowane, że nie odnotowujesz ich gwałtownych wahań. Wówczas raz w tygodniu w ramach II śniadania lub podwieczorku możesz sprawić sobie małą przyjemność. Dobrze skomponowane przepisy dają rozgrzeszenie drobnej rozkoszy podniebienia. Założenie jest takie, że nasze małe słodkości powinny zawierać zdrowe tłuszcze z orzechów i nasion, węglowodany złożone z mąki z pełnego przemiału oraz dodatek błonnika w postaci otrąb, który spowolni wchłanianie cukru do krwi. I co najważniejsze, nie powinny zawierać miodu, słodu, cukru rafinowanego ani żadnego syropu; ewentualnie małe ilości ksylitolu, stewii czy erytrytolu. W związku z tym nasze desery będą miały trochę inną konsystencję, smak i teksturę niż tradycyjne, ale za to będą bardziej sycące i przede wszystkim zdrowe! :)

PS. Gorzka czekolada z zawartością 70–90% kakao jest naprawdę zdrowa (w dodatku z orzechami to już sama przyjemność) i dlatego na jej bazie opierać się będzie sporo propozycji przepisów.

Nie zostaje mi nic innego jak życzyć Wam smacznego! :)

Lemoniada imbirowa (1 l/4 porcje)

- garść świeżej mięty
- 1 szklanka lodu
- 1 cm startego imbiru
- sok z całej cytryny
- sok z całej limonki
- 5 listków stewii (rozpuszczonych w gorącej wodzie i schłodzonych) lub 1 łyżka ksylitolu
- 800 ml wody

Składniki wymieszaj.

Kawa korzenna z mleczkiem migdałowo-kokosowym (2 porcje)

- 3 łyżki kawy
- 450 ml wody
- duża szczypta suszonego imbiru, cynamonu, kardamonu, 2 goździki, szczypta soli himalajskiej
- 200 ml mleka kokosowego (nie z puszki)
- ½ szklanki migdałów bez skórki zalanych wcześniej na pół godziny wrzątkiem, aby zmiękły

Do rondelka wlej wodę. Zagotuj.

Wsyp kawę i cynamon i gotuj ok. 2 minuty, dodaj imbir i goździki i gotuj kolejne 2 minuty. Na koniec dodaj kardamon oraz szczyptę soli i gotuj jeszcze 2 minuty.

Mleko kokosowe zagotuj i zmiksuj z migdałami. Odcedź migdały.

Kawę wlej do filiżanek i dolej gorącego mleka kokosowo-migdałowego.

Brownie z batata (ok. 10 porcji)

- 2 bataty (ok. 500 g)
- ½ szklanki mąki migdałowej lub kokosowej lub płatków, wiórków zmielonych na mąkę
- 4 duże łyżki kakao
- 1 jajko lub 2 łyżki mielonego siemienia lnianego wymieszanego z 4 łyżkami wody
- ½ szklanki gęstego mleka kokosowego
- 1 łyżka stewii lub ksylitolu
- cynamon
- oliwa

Bataty obierz, pokrój w kostkę, posyp cynamonem, skrop oliwą i piecz ok. 15 minut w 200°C.

Zmiksuj bataty z jajkiem/siemieniem. Dodaj mleczko, mąkę, stewię/ksylitol, kakao i zmiksuj.

Przełóż do formy wyłożonej papierem do pieczenia i piecz 30 min w 180°C.

Lody owocowe (6 porcji)

- 500 g mrożonych owoców leśnych, porzeczek, malin, borówek
- 500 g jogurtu greckiego lub 200 ml mleka kokosowego lub ½ szklanki wody po ciecierzycy ubitej na gładką pianę z łyżką ksylitolu
- garść świeżej mięty
- 2 łyżeczki ksylitolu/erytrytolu/stewii

Składniki zmiksuj na gładko, przełóż do plastikowego pojemnika i lekko schłodź w zamrażalniku.

Lody czekoladowe z chili i orzechami (4 porcje)

- ½ szklanki wody z puszki po ciecierzycy, tzw. aquafaby
- 1 łyżeczka ksylitolu
- 100 g gorzkiej czekolady 80% kakao
- laska wanilii lub pasta/esencja waniliowa
- szczypta chili
- 2 łyżki posiekanych orzechów włoskich lub pistacjowych

Czekoladę rozpuść w kąpieli wodnej (misce metalowej umieszczonej na garnku z gotującą się wodą) i wystudź.

Schłodzoną w lodówce wodę po ciecierzycy przelej do miski, dodaj ksylitol i miksuj aż do uzyskania gładkiej puszystej masy, trwa to ok. 8–10 minut.

Dodaj ½ łyżeczki pasty/esencji waniliowej lub ziarenka z laski wanilii, szczyptę chili i wymieszaj.

Do ubitej masy z ciecierzycy dodaj porcjami wystudzoną czekoladę i zmiksuj na gładką masę, dosyp orzechy i wymieszaj. Przełóż do pojemniczka, wstaw do zamrażarki na minimum 2 godziny lub całą noc.

Lody koktajlowe (ok. 12 porcji)

- 1 miska malin lub borówek
- 1 miska truskawek
- 1 miska pokrojonego mango lub ananasa
- 3 łyżki płatków owsianych
- 1 łyżka słonecznika
- 1 łyżka nasion dyni
- 150 ml mleczka kokosowego lub jogurtu greckiego
- 1 łyżeczka startego imbiru

Wszystkie składniki zblenduj, wlej do foremek na lody na patyku i zamroź.

Lody z sezamową posypką i borówkami (2 porcje)

- 1 miseczka borówek
- 2 łyżeczki sezamu zmielone w rozdrabniaczu
- ½ szklanki wody po ciecierzycy
- 1 łyżeczka esencji lub pasty waniliowej
- 3 łyżki gęstego mleka kokosowego z puszki
- 1 łyżeczka ksylitolu lub stewii
- garść mięty

Wodę po ciecierzycy ubij z ksylitolem lub stewią na puszystą pianę.

Dodaj esencję lub pastę z wanilii, gęste mleko kokosowe i delikatnie zmiksuj. Wstaw masę do zamrażarki, aby stężała.

Lody podawaj posypane zmielonym sezamem, z borówkami i miętą.

Lody mango z miętą (2–4 porcje)

- 2 szklanki pokrojonego mango
- 1 limonka – sok i otarta skórka
- kawałek imbiru startego na tarce (ok. 1 cm)
- 300 ml jogurtu greckiego lub gęstego mleka kokosowego lub ½ szklanki wody po ciecierzycy ubitej na gładką pianę z łyżką ksylitolu

Składniki zmiksuj na gładko, przełóż do plastikowego pojemnika i lekko schłodź w zamrażalniku.

Budyń kokosowy/migdałowy z owocami leśnymi (2 porcje)

- 400 ml rzadkiego mleka kokosowego lub migdałowego
- 3 łyżki nasion chia lub siemienia lnianego
- laska wanilii lub esencja waniliowa/pasta waniliowa
- 3 łyżki otrąb owsianych
- 2 łyżki wiórków kokosowych
- 1 łyżeczka ksylitolu lub erytrytolu
- ok. 400 g owoców leśnych: jeżyny, borówki, maliny, porzeczki, truskawki

Mleko roślinne wlej do rondelka. Dodaj słód, ziarenka wanilii, nasiona chia lub siemię, otręby, wiórki i doprowadź do wrzenia. Gotuj przez 3–4 minuty i zmiksuj.

Przelej do 2 miseczek i wstaw do lodówki, aby budyń stężał.

Na koniec udekoruj ulubionymi owocami.

Gryczane pancakes z owocami leśnymi (2 porcje)

- 1 szklanka mąki gryczanej
- 1 szklanka maślanki lub gęstego mleka kokosowego
- 1 szklanka owoców leśnych
- 1 łyżka proszku do pieczenia

- 1 jajko
- opcjonalnie 1 łyżeczka stewii lub ksylitolu
- sól himalajska
- 2 łyżki oleju kokosowego nierafinowanego

Mąkę przesiej i wymieszaj z proszkiem do pieczenia i szczyptą soli.

Jajko rozmiksuj przez minutę z maślanką i ewentualnie łyżeczką słodu.

Połącz mąkę z mokrymi składnikami i zmiksuj. Dodaj pół szklanki owoców i delikatnie wymieszaj. Smaż powoli na patelni małe placki na rumiano z obu stron.

Podawaj ze świeżymi owocami.

Deser czekoladowy z mango i domową granolą (4 porcje)

- domowa granola
- 1 mango
- garść świeżej mięty
- 2 łyżki nasion chia lub siemienia lnianego
- 200 ml gęstego mleczka kokosowego z puszki
- 100 ml mleczka ryżowego lub migdałowego
- 1 łyżka tahini
- laska wanilii lub esencja/pasta waniliowa
- 1 limonka

granola: 4 łyżki płatków zbożowych (owsianych, jęczmiennych, żytnich, gryczanych) + 4 łyżki wiórków kokosowych + ½ łyżeczki cynamonu + 1 łyżka płynnego oleju kokosowego – wymieszaj.

Wstaw mieszankę do piekarnika i zapiekaj 15 minut w 200°C.

Do upieczonej mieszanki dodaj: 2 łyżki pokruszonych orzechów włoskich + 2 łyżki płatków migdałowych + 1 łyżkę siemienia lnianego + 2 łyżki owoców goji i dokładnie wymieszaj całą granolę.

masa kokosowa:

Wymieszaj mikserem mleczko kokosowe z migdałowym lub ryżowym, ziarenkami lub esencją/pastą z wanilii i tahini oraz nasionami chia. Wlej na dno pucharków i wstaw do lodówki na ok. 30 minut.

Pokrój drobno mango, skrop 2–3 łyżkami soku z limonki i wymieszaj ze świeżą miętą. Połóż porcję mango na krem kokosowy. Posyp deser granolą.

Podawaj schłodzony.

Muffinki kokosowe z porzeczkami

- 2 jajka lub w wersji wege ½ szklanki aquafaby
- 1 łyżka ksylitolu
- 4 łyżki mąki kokosowej
- ½ łyżeczki proszku do pieczenia
- ½ szklanki świeżych lub mrożonych czarnych porzeczek
- laska wanilii

Ubij jajka (najpierw białka potem żółtka) lub aquafabę z ksylitolem na gładką, puszystą i sztywną masę.

Do masy dodaj mąkę kokosową, proszek do pieczenia, ziarenka z wanilii i wymieszaj.

Wsyp porzeczki i delikatnie połącz masę.

Wlej masę do foremek na muffinki i piecz 10–15 minut w 160°C.

Markizy z batatów

- 1 niepełna szklanka mąki owsianej (ok. 200 g)
- 2 łyżki otrąb owsianych
- 1 łyżka masła orzechowego lub migdałowego
- 1/3 łyżeczki proszku do pieczenia bio
- 3 łyżki gęstego oleju kokosowego
- 1 łyżka ksylitolu lub erytrytolu
- 2 jajka lub ½ szklanki wody po ciecierzycy, tzw. aquafaby

- 1 szklanka startego drobno na tarce surowego batata
- laska wanilii
- 100 ml twarożku naturalnego lub w wersji wege gęstego mleczka kokosowego z puszki

Olej zmiksuj z ksylitolem lub erytrytolem. Dodaj jajko lub ubitą wodę z ciecierzycy i zmiksuj ok. 3 minuty. Dodaj masło orzechowe/migdałowe i zmiksuj. Dodaj mąkę, otręby, proszek do pieczenia, starty batat i dokładnie wymieszaj na gładką masę.

Masę wyjmuj łyżką i formuj dłonią kulki. Ułóż je w odstępach na wyłożonej papierem do pieczenia blaszce i rozgnieć, aby miały kształt ciasteczek. Piecz 15–20 minut w 170°C.

Gęste mleczko kokosowe z puszki lub twarożek zmiksuj na puszystą masę z ziarenkami z laski wanilii.

Przełóż kremem wystudzone ciasteczka. Włóż do lodówki, aby masa stężała.

Mus czekoladowo-porzeczkowy z kokosową pianką (2 porcje)

- 1 awokado
- ½ zielonkawego banana
- 1 szklanka czarnych porzeczek
- 3 łyżki gorzkiego kakao
- 4 suszone morele niesiarkowane
- 1 daktyl suszony bez pestki
- 200 ml gęstego mleczka kokosowego
- szczypta soli himalajskiej
- laska wanilii

Mleczko kokosowe zmiksuj ok. 5 minut z ziarenkami z laski wanilii i wstaw do lodówki.

Zagotuj wodę, zalej wrzątkiem pokrojone morele oraz daktyl i zostaw na 30 minut.

W oddzielnej miseczce zalej wrzątkiem porzeczki (zostaw kilka sztuk do ozdoby).

Awokado zmiksuj z bananem, odsączonymi z wody suszonymi owocami i porzeczkami, 2,5 łyżkami kakao i szczyptą soli.

Przełóż mus do miseczek, posyp resztą kakao i udekoruj ubitym mleczkiem kokosowym i porzeczkami.

Jogurtowy deser z kokosową kruszonką (2 porcje)

- 200 ml jogurtu greckiego, koziego lub kokosowego
- 250 g czerwonych i fioletowych owoców: maliny, borówki, truskawki, porzeczki, jeżyny, poziomki, borówki
- garść świeżej mięty
- laska wanilii
- 3 łyżki wiórków kokosowych
- 3 łyżki orzechów włoskich lub laskowych
- 3 łyżki płatków owsianych
- ½ łyżeczki oleju kokosowego

Owoce umyj i pokrój.

Płatki wymieszaj z wiórkami, dodaj roztopiony olej kokosowy i upraż przez ok. 2 minuty na patelni.

Jogurt zmiksuj z ziarenkami wanilii i wymieszaj z pokruszonymi orzechami. Podziel na 2 porcje i przełóż do miseczek.

Na wierzch ułóż porcję pokrojonych owoców z uprażonymi płatkami i wiórkami. Udekoruj listkami mięty.

Ciasto kokosowe z borówkami (6–8 porcji)

- 4 jajka lub w wersji wegańskiej 1 szklanka wody po ciecierzycy, tzw. aquafaby
- 200 ml mleka kokosowego z puszki
- 4 czubate łyżki mąki kokosowej lub zmielonych wiórków
- 1 łyżka nasion siemienia lnianego lub chia
- 2 łyżki suszonych owoców goji zalanych na 15 minut ciepłą wodą, aby zmiękły
- 200 g borówek
- 1 płaska łyżeczka proszku do pieczenia
- 2 łyżki ksylitolu lub erytrytolu lub stewii
- szczypta soli himalajskiej
- laska wanilii

Białka (lub wodę po ciecierzycy) ubij z ksylitolem na sztywną pianę. Dodaj żółtka i zmiksuj.

Do masy wsyp mąkę kokosową, proszek do pieczenia, chia lub siemię, ziarenka z laski wanilii, szczyptę soli, mleczko kokosowe i dokładnie, ale delikatnie, wymieszaj.

Wsyp do masy owoce goji oraz borówki i ponownie delikatnie wymieszaj łyżką.

Wlej masę do foremki typu keksówka wyłożonej papierem do pieczenia (wybierz taką, aby ciasto sięgało wysoko ponad połowę formy, bo nie urośnie za bardzo).

Piecz ok. 25 minut w 180°C.

Kokosowa kostka w gorzkiej czekoladzie (ok. 10 porcji)

- 1, 5 szklanki wiórków kokosowych
- 2 łyżki syropu z agawy
- 2 łyżki gęstego mleczka kokosowego z puszki 82% tłuszczu
- 1 czubata łyżka oleju kokosowego
- szczypta soli himalajskiej
- 1 gorzka czekolada 80% kakao

Wiórki, syrop, mleczko, olej i sól zblenduj na gładką masę. Przełóż do plastikowego pojemnika i dokładnie ugnieć. Wstaw do zamrażalnika na 30 minut.

Rozpuść czekoladę w kąpieli wodnej.

Masę wyjmij z pudełka, przewracając je do góry dnem. Pokrój na kostki, mocz je w czekoladzie i odkładaj na papier do pieczenia. Wstaw do zamrażarki, żeby masa się ściągnęła.

Przechowuj w lodówce.

Deserowa owsianka kokosowa z pieca (4 porcje)

- 1 szklanka płatków owsianych lub gryczanych
- 2 szklanki mleka kokosowego lub migdałowego (nie z puszki)
- 1 jajko lub w wersji wegańskiej ½ szklanki wody po ciecierzycy
- 1 laska wanilii
- 2 łyżki orzechów laskowych lub włoskich
- 1 łyżka nasion chia lub siemienia lnianego
- 1 szklanka kwaśnych owoców: borówek, porzeczek, malin
- duża szczypta cynamonu i kardamonu, sól himalajska
- 1 łyżka oleju kokosowego

Jajko lub wodę po ciecierzycy ubij ze szczyptą soli na sztywną pianę.

Mleko podgrzej z płatkami, doprowadzając do wrzenia. Wsyp ziarenka wanilii, cynamon i kardamon, dodaj chia/siemię i orzechy. Wymieszaj i wystudź. Dodaj masę jajeczną/ciecierzycową, wrzuć owoce i delikatnie wymieszaj.

Przełóż masę do wysmarowanych olejem kokosowym kokilek.

Piecz ok. 25 minut w 180°C.

Imbirowe brownie (10 porcji)

- 1 tabliczka gorzkiej czekolady minimum 70% kakao
- 3 czubate łyżki gęstego oleju kokosowego
- 1 cm startego imbiru
- szczypta soli himalajskiej
- 3 łyżki kakao
- 1 banan
- 2 jajka
- 2 łyżki mąki kokosowej lub migdałowej lub zmielonych wiórków lub orzechów
- ½ łyżeczki proszku do pieczenia
- 1 łyżka otrąb owsianych lub gryczanych
- 1 czubata łyżka erytrytolu lub stewii
- ½ szklanki orzechów włoskich lub laskowych, migdałów, orzechów nerkowca
- 1 pomarańcza

Czekoladę zmiksuj w rozdrabniaczu z gęstym olejem, imbirem, kakao, mąką, otrębami, proszkiem do pieczenia, bananem i jajkami oraz erytrytolem/stewią i szczyptą soli.

Do gładkiej masy dodaj skórkę otartą z pomarańczy i orzechy.

Wylej do wyłożonej papierem do pieczenia blaszki. Wybierz taką blachę, aby ciasto miało ok. 3 cm wysokości.

Piecz 12–15 minut w 200°C.

Podawaj z **kremem kokosowo-limonkowym:**

- 1 szklanka gęstego mleka kokosowego z puszki
- 1 łyżeczka esencji waniliowej lub ½ pasty waniliowej lub laska wanilii
- 1 łyżeczka soku i skórka otarta z całej limonki
- 1 łyżeczka erytrytolu/ksylitolu/stewii

Przełóż mleczko do miski, dodaj ziarenka wanilii lub esencję/pastę, 1 łyżeczkę soku z limonki i wybrane słodzidło. Zmiksuj na puszystą masę.

Przełóż do miseczki i posyp otartą skórką z limonki.

Przechowuj w lodówce.

Kokosowa wuzetka (ok. 10 porcji)

spód:

- 1,5 szklanki migdałów bez skórki lub orzechów nerkowca
- 3 czubate łyżki gorzkiego kakao
- 4 suszone morele niesiarkowane namoczone wcześniej we wrzątku, aby zmiękły
- szczypta soli himalajskiej
- 2 duże łyżki gęstego oleju kokosowego nierafinowanego
- 1 łyżka nasion chia lub siemienia lnianego

Wszystkie składniki zblenduj na sypką masę.

Ulep kulę, owiń folią spożywczą i włóż na godzinę do lodówki.

masa kokosowo-migdałowa:

- 300 ml gęstego mleczka kokosowego z puszki
- 1 szklanka wiórków kokosowych uprażonych lekko na suchej patelni
- 4 łyżki migdałów lub płatków migdałowych zmielonych na drobne kawałki
- laska wanilii lub ½ łyżeczki pasty/esencji migdałowej

Wszystkie składniki zmiksuj w blenderze lub malakserze.

dodatki: ulubione owoce leśne, kwaśne: jeżyny, borówki lub czerwone porzeczki, truskawki lub mango

Masę na ciasto rozwałkuj na kształt używanej foremki. Ugnieć, aby wypełniła dokładnie spód foremki.

Na wierzch wyłóż masę kokosową, na to ulubione owoce jagodowe.

Wstaw do lodówki do schłodzenia i ściągnięcia masy.

Szarlotka orzechowa z nutą cynamonu (ok. 10 porcji)

ciasto:

- 1 szklanka mąki orzechowej lub zmielonych orzechów i płatków migdałowych
- 3 łyżki mąki orkiszowej razowej
- 1–2 łyżki ksylitolu lub stewii
- 2–3 łyżki masła lub oleju kokosowego nierafinowanego
- 1 małe jajko

Wszystkie składniki zagniatamy jak na kruche ciasto. Formujemy kulkę i wkładamy do lodówki na pół godziny.

farsz:

- szczypta cynamonu, kardamonu, kolendry, startego imbiru
- 4 łyżki niesłodzonej żurawiny ze słoiczka
- 4 jabłka

Jabłka kroimy w cieniutkie plasterki i przyprawiamy.

Wykładamy ciastem foremkę i pieczemy ok. 10 minut w piekarniku nagrzanym do 170°C. Na dno upieczonej warstwy układamy porcję żurawiny, na to jabłka i zapiekamy kolejne 10 minut.

Kuleczki chałwowe z owocami goji lub pudrem owocowym (ok. 10 szt)

- 1 szklanka sezamu
- 3 morele niesiarkowane zalane wcześniej wrzątkiem i odsączone
- 2 łyżki kakao
- 1 łyżeczka łupiny babki płesznik/jajowatej

do posypania: posiekane drobno owoce goji lub zmielone liofilizowane owoce (możesz kupić batony z liofilizowanych owców i użyć dowolnego smaku: wiśnia, malina, truskawka, mango-marchewka)

Wszystkie składniki wrzuć do malaksera/blendera i zmiel na gładką masę. Ulep dłonią małe kuleczki i obtocz w rozdrobnionych owocach goji lub pudrze owocowym.

Schłodź w lodówce.

Kuleczki kokosowe z owocową niespodzianką (ok. 10 szt)

masa kokosowa zewnętrzna:

- 1 szklanka migdałów bez skórki zmielonych na mąkę
- 1 szklanka wiórków kokosowych
- 1 łyżka ksylitolu
- 3 łyżki gęstego oleju kokosowego nierafinowanego
- 1 łyżeczka pasty lub esencji waniliowej lub ziarna z 1 laski wanilii
- 1 łyżeczka łupiny babki płesznik/jajowatej wymieszanej z 4 łyżkami ciepłej wody

Wszystkie składniki zmiel w malakserze lub blenderze na gładką masę.

Ulep kulę i owiń folią spożywczą. Wstaw na 30 minut do lodówki.

Rozwałkuj schłodzoną masę na cienki placek, wycinaj szklanką krążki.

masa owocowa wewnętrzna:

- 200 g malin, wiśni bez pestek lub borówek świeżych lub mrożonych odsączonych z nadmiaru wody
- ½ szklanki migdałów bez skórki zmielonych na mąkę
- 3 morele suszone niesiarkowane namoczone wcześniej we wrzątku i odsączone
- 2 duże łyżki gęstego oleju kokosowego

Wszystkie składniki zmiel w malakserze lub blenderze na gładką masę.

Na środek wyciętego krążka kokosowego układaj małą kuleczkę masy owocowej i zagniataj tak, aby powstała kula, a masa owocowa znalazła się w środku.

Przełóż kulki do pojemniczka i schłódź w lodówce.

Ciasto migdałowe z gorzką czekoladą i orzechami (ok. 10 porcji)

- 3 jajka lub 1 szklanka wody po ciecierzycy
- szczypta soli himalajskiej
- 1 szklanka mąki migdałowej lub zmielonych płatków migdałowych
- 1 łyżka stewii
- 1 tabliczka gorzkiej czekolady 80%
- 3 łyżki orzechów włoskich, laskowych lub migdałów
- 1 łyżka oleju kokosowego
- skórka otarta z cytryny

Białka lub wodę po ciecierzycy ubij ze szczyptą soli i stewią na sztywną pianę.

Jeśli używasz jajka, dodaj żółtka i zmiksuj. Do masy dodaj mąkę oraz otartą skórkę z cytryny i delikatnie wymieszaj.

Wlej masę do małej keksówki wyłożonej papierem do pieczenia. Piecz w temperaturze 180°C przez 45 minut.

Czekoladę rozpuść z olejem, wystudź i polej wystudzone ciasto. Posyp orzechami.

Ciasteczka gryczane z owocami goji (ok. 10 szt)

- 2 szklanki płatków gryczanych
- 2 jajka lub w wersji wegańskiej 2 łyżki mielonego siemienia lnianego wymieszanego z 4 łyżkami wody
- 1 łyżka stewii lub ksylitolu
- 2 łyżki mąki owsianej
- 1 łyżka mąki kokosowej lub migdałowej
- 1 duże jabłko starte na tarce o dużych oczkach
- 1 łyżka skórki otartej z limonki lub cytryny
- 3 czubate łyżki gęstego mleczka kokosowego
- 2 łyżki owoców goji namoczonych na 10 minut w gorącej wodzie
- 5 łyżek pokruszonych orzechów włoskich lub laskowych
- 1 łyżeczka cynamonu i ½ łyżeczki kardamonu
- 2 łyżki oleju kokosowego

Suche składniki wsyp do miski i wymieszaj.

Dodaj olej, roztrzepane jajka lub siemię, przyprawy i zagnieć na gładką, zwartą masę. W razie potrzeby rozrzedź mlekiem lub zagęść mąką owsianą.

Formuj małe kuleczki. Układaj je na wyłożonej papierem do pieczenia blasze, w odległościach co 2 cm, spłaszcz dłonią.

Piecz ok. 20 minut w 180°C.

Deser z chia i mango na mleku kokosowym (2 porcje)

- 1 mango
- garść mięty
- 1 kubek owoców leśnych: malin, borówek, jeżyn, truskawek
- 500 ml płynnego mleka kokosowego (nie z puszki)
- 4 łyżki nasion chia
- 2 łyżki orzechów włoskich
- laska wanilii

Mleko zagotuj z ziarenkami wanilii i nasionami chia. Wlej napój do pucharków i odstaw do stężenia.

Gdy masa zgęstnieje, posyp ją pokruszonymi orzechami. Na wierzchu ułóż kawałki pokrojonego mango i owoce leśne. Udekoruj miętą.

Tarta orzechowo-czekoladowa z wiśniami (ok. 10 porcji)

spód:

- ½ szklanki migdałów lub orzechów nerkowca
- ½ szklanki wiórków kokosowych
- 6 suszonych moreli niesiarkowanych zalanych wrzątkiem, aby zmiękły
- 2 łyżki gęstego oleju kokosowego nierafinowanego
- ziarenka z laski wanilii lub 1 łyżeczka esencji lub pasty waniliowej

Orzechy/migdały zalej wrzątkiem na noc, odsącz.

Zmiel wiórki na mąkę kokosową.

Wszystkie składniki zmiksuj w blenderze/malakserze. Ulep kulę i włóż na 30 minut do lodówki.

Wyłóż dno tarty i dokładnie przyciśnij, aby pokryty był cały spód. Wstaw do lodówki, aby stężało.

krem czekoladowy:

- 2 miękkie awokado (najlepiej odmiany Hass)
- 300 ml gęstego mleczka kokosowego z puszki
- 3 łyżki gorzkiego kakao
- 1 łyżka stewii lub ksylitolu/erytrytolu
- 1 szklanka wydrylowanych wiśni świeżych lub mrożonych
- nasiona granatu
- 2 łyżki świeżych niesolonych pistacji

Awokado zmiksuj z mleczkiem kokosowym, słodzidłem i kakao na gładką masę.

Dodaj wiśnie i delikatnie wymieszaj.

Wyłóż krem na spód kokosowy, udekoruj pokruszonymi pistacjami lub wiórkami i nasionami granatu. Wystudź w lodówce.

Ciasto tęczowe z mango, musem malinowym i borówkami (ok. 10 porcji)

spód czekoladowy:

- ½ szklanki pokruszonych orzechów włoskich
- ½ szklanki pestek słonecznika
- 2 łyżki gęstego oleju kokosowego
- 2 łyżki gorzkiego kakao
- 4 daktyle zalane wcześniej wrzątkiem i odsączone

Wszystkie składniki zmiksuj w malakserze na gładką masę. Umieść ją na dnie formy o średnicy ok. 20 cm i dokładnie dociskaj palcami, aby dno było równomiernie pokryte.

Wstaw formę do lodówki i schłodź ok. 30 minut.

pomarańczowa masa marchewka-mango:

- 10 suszonych moreli niesiarkowanych
- 1 szklanka marchewki startej na bardzo małych oczkach
- 100 g mango
- 2 łyżki otartej skórki z pomarańczy
- ½ szklanki wiórków kokosowych zmielonych na mąkę
- ½ łyżeczki cynamonu
- 1 łyżka owoców goji namoczonych 15 minut we wrzątku
- duża szczypta mielonego kardamonu
- garść świeżej mięty

W malakserze zmiksuj wszystkie składniki oprócz marchewki i owoców goji na gładką masę.

Dodaj drobno startą marchewkę oraz odsączone owoce goji i wymieszaj.

Wyłóż masę na dno czekoladowe. Wstaw do lodówki na ok. 15 minut.

zielony krem z awokado i pistacji:

- 2 miękkie awokado (najlepsza będzie odmiana Hass)
- 200 g gęstego mleka kokosowego z puszki
- 1 duża łyżka ksylitolu lub stewii
- 3 łyżki pokruszonych niesolonych pistacji

Wszystkie składniki zmiksuj na gładką masę.

Wyłóż na masę pomarańczową i wstaw całość do lodówki, aby zgęstniała.

czerwony mus malinowy z chia:

- 300 g malin świeżych lub mrożonych
- 3 duże łyżki nasion chia

Składniki zmiksuj. Wstaw na 15 minut do lodówki, a następnie smaruj musem wierzch zielonej masy.

do posypania: borówki i świeża mięta

Na wierzch wyłóż świeże borówki i miętę.

Wstaw tartę do lodówki, najlepiej na całą noc, aby wszystkie masy dokładnie zastygły.

Czekoladowo-orzechowe brownie (ok. 10 porcji)

- 1 tabliczka gorzkiej czekolady 80%
- 100 g oleju kokosowego
- 3 łyżki stewii lub ksylitolu
- 5 łyżek masła orzechowego
- 3 jajka
- 3 łyżki mąki migdałowej
- szczypta soli himalajskiej
- 4 łyżki gorzkiego kakao
- laska wanilii

W rondelku rozpuść olej z czekoladą i ziarenkami z laski wanilii, dodaj masło orzechowe, wystudź.

Ubij jajka ze stewią/ksylitolem na puszystą pianę ok. 5 minut.

Wymieszaj obie masy, dodaj mąkę migdałową, kakao, sól. Przelej do wyłożonej papierem do pieczenia formy i piecz ok. 25 minut w 180°C.

Krój po ostudzeniu.

Deser mango-miętowy z jogurtem kokosowym (2 porcje)

- 1 mango
- 1 limonka
- garść liści świeżej mięty
- 300 ml jogurtu kokosowego (mleczko kokosowe zaszczepione bakteriami fermentacyjnymi lub jogurt grecki wymieszany 1:1 z gęstym mleczkiem kokosowym)
- 2 łyżki orzechów włoskich

Jogurt podziel na 2 porcje, wsyp do każdej pokrojone w kostkę mango, posyp miętą, skrop sokiem z limonki i dodaj orzechy.

Batony na jeden kęs, tzw. zdrowe kęski

Ta propozycja skierowana jest przede wszystkim do osób, które ćwiczą i potrzebują doładowania energetycznego w zdrowej wersji. Takie batoniki to świetna alternatywa dla dostępnych w marketach produktów typu FIT, nafaszerowanych syropem glukozowo-fruktozowym oraz kandyzowanymi owocami i oblanych pseudojogurtowymi polewami, zawierającymi szkodliwe aromaty i barwniki. Chociaż są reklamowane jako zdrowe, tego typu produkty mogą bardzo negatywnie wpłynąć na glikemię, dlatego zawsze czytaj etykiety, a najlepiej przygotuj taki batonik samodzielnie.

Batony kokosowo-orzechowe z kakao (4–6 porcji)

- 1 szklanka orzechów nerkowca
- ½ szklanki wiórków kokosowych rozdrobnionych na mąkę w malakserze
- 1 łyżka gorzkiego kakao
- 1 łyżeczka łupiny babki płesznik/jajowatej
- 100 ml mleka roślinnego lub wody
- 1 mała łyżeczka oleju kokosowego nierafinowanego

Zalej orzechy gorącym mlekiem roślinnym lub wodą i zostaw na minimum godzinę lub na całą noc, aby zmiękły.

Wrzuć odsączone orzechy do blendera (zostaw trochę płynu, będzie łatwiej zmiksować masę), dodaj kakao, olej, zmielone wiórki, łupinę babki i dokładnie zmiksuj.

W razie potrzeby zagęść masę odrobiną zmielonych wiórków.

Przełóż do pojemnika wyłożonego papierem do pieczenia, ugnieć dokładnie dłonią.

Wstaw na noc do lodówki, krój po ostudzeniu.

Batony morelowo-migdałowe z owocami goji (4–6 porcji)

- 6 suszonych moreli niesiarkowanych
- 1 szklanka blanszowanych migdałów zmielonych na mąkę
- 1 łyżka owoców goji
- 1 łyżeczka łupiny babki płesznik/jajowatej
- 1 łyżeczka oleju kokosowego nierafinowanego

Suszone morele i owoce goji zalej 1 szklanką wrzątku i poczekaj, aż zmiękną.

Do blendera wrzuć lekko odsączone z wody morele (zostaw trochę płynu, będzie łatwiej zmiksować masę), mielone migdały, babkę płesznik oraz olej i zmiksuj na jednolitą masę.

Dodaj owoce goji i wymieszaj, w razie potrzeby rozrzedź masę wodą.

Przełóż do wyłożonego papierem do pieczenia pojemnika, ugnieć dokładnie dłonią.

Wstaw na noc do lodówki, krój po ostudzeniu.

Batony figowe z nasionami chia/siemieniem lnianym (4–6 porcji)

- 4 suszone figi niesiarkowane
- 1 szklanka nerkowców
- 2 łyżki pestek dyni rozdrobnionych w malakserze
- 2 łyżki wiórków kokosowych
- 1 łyżka nasion chia lub siemienia lnianego

Figi i orzechy nerkowca zalej wrzątkiem i odstaw, aby zmiękły na godzinę lub całą noc.

Odcedź (zostaw trochę płynu, będzie łatwiej zmiksować masę), wrzuć do blendera/malaksera, dodaj rozdrobnione pestki dyni, wiórki, chia lub siemię i zmiksuj na masę. W razie potrzeby lekko rozrzedź wodą.

Masę przełóż do wyłożonego papierem do pieczenia pojemnika, ugnieć dokładnie dłonią.

Wstaw na noc do lodówki. Krój po ostudzeniu.

Batony orzechowe z zieloną herbatą matcha (4–6 porcji)

- 1 szklanka orzechów nerkowca
- 4 suszone morele niesiarkowane
- 2 łyżki wiórków kokosowych
- 1 łyżeczka łupiny babki płesznik/jajowatej
- 1 łyżeczka oleju kokosowego nierafinowanego
- 1 łyżeczka herbaty zielonej matcha w proszku

Orzechy, morele i wiórki wsyp do naczynia, zalej wrzątkiem na minimum godzinę lub całą noc.

Odlej wodę, wrzuć masę do malaksera, dodaj babkę, olej oraz herbatę i zmiksuj.

Przełóż do wyłożonego papierem do pieczenia pojemnika, ugnieć dokładnie dłonią.

Wstaw na noc do lodówki. Krój po ostudzeniu.

Batony szarlotkowe (4–6 porcji)

- 1 szklanka orzechów nerkowca
- 2 łyżki migdałów bez skórki zmielonych na mąkę
- 5 suszonych moreli niesiarkowanych
- 1 figa
- 5 kawałków suszonego jabłka
- ½ łyżeczki cynamonu

Orzechy, morele i figę zalej wrzątkiem i zostaw na minimum 1 godzinę lub na noc. Odsącz z wody i wrzuć do blendera, dodaj cynamon, mąkę migdałową i zmiksuj.

Na koniec dodaj drobno pokrojone jabłka i połącz z masą.

Masę przełóż do wyłożonego papierem do pieczenia pojemnika, ugnieć dokładnie dłonią.

Wstaw na noc do lodówki. Krój po ostudzeniu.

Batony sezamowo-orzechowe z otrębami (4–6 porcji)

- ½ szklanki sezamu
- ½ szklanki orzechów włoskich
- 1 łyżka masła orzechowego
- ½ szklanki otrąb owsianych
- 1 łyżeczka łupiny babki płesznik/jajowatej

Wszystkie składniki zmiksuj w blenderze/malakserze.

Masę przełóż do wyłożonego papierem do pieczenia pojemnika, ugnieć dokładnie dłonią.

Wstaw na noc do lodówki. Krój po ostudzeniu.

Batony słonecznikowe z pistacjami (4–6 porcji)

- 1 szklanka nasion słonecznika
- ½ szklanki orzechów włoskich
- 4 suszone morele niesiarkowane namoczone na godzinę we wrzątku
- 2 łyżki gęstego oleju kokosowego nierafinowanego
- 2 łyżki gorzkiego kakao
- ½ szklanki niesolonych pistacji rozdrobnionych na mniejsze kawałki

Do malaksera/blendera wrzuć ziarna słonecznika i zmiel na drobno.

Dosyp orzechy, kakao, olej, odsączone morele i zmiel na jednolitą masę.

Przełóż do wyłożonego papierem do pieczenia pojemnika, posyp pokruszonymi pistacjami i ugnieć dokładnie dłonią.

Wstaw na noc do lodówki. Krój po ostudzeniu.

Batony czekoladowo–pomarańczowe (4–6 porcji)

- 1 szklanka orzechów nerkowca lub migdałów bez pestek
- 6 suszonych moreli
- 1 łyżka skórki otartej z pomarańczy
- 1 łyżka gorzkiego kakao
- 1 daktyl bez pestki
- 1 łyżeczka łupiny babki płesznik/jajowatej lub otrąb owsianych

Morele i daktyl zalej wrzątkiem na ok. godzinę.

Do blendera/malaksera wrzuć nerkowce lub migdały, otręby lub łupinę babki, kakao, odsączone owoce, skórkę z pomarańczy i zmiel na masę.

Przełóż do wyłożonego papierem do pieczenia pojemnika, ugnieć dokładnie dłonią.

Wstaw na noc do lodówki. Krój po ostudzeniu.

Smacznego i zdrowego życia!

Magdalena Makarowska

Bibliografia

Buhring U., *Wszystko o ziołach*, Świat Książki, Warszawa 2010.

Fijałkowski D., *Rośliny lecznicze na Lubelszczyźnie*, Lubelskie Towarzystwo Naukowe, Lublin 2010.

Greń A., *Aktywność antyoksydacyjna preparatów z morwy białej, fasoli zwykłej oraz miłorzębu japońskiego w cukrzycy generowanej podaniem streptozotocyny*, „Postępy Fitoterapii" 2012, nr 4.

Harnisch G., *Czystek zdrowie i piękno dzięki jednej roślinie*, Białystok 2014.

Jeszka M., Kobus-Cisowska J., Flaczyk E., *Liście morwy jako źródło naturalnych substancji biologicznie aktywnych*, „Postępy Fitoterapii" 2009, nr 3.

Król D., *Bab a płesznik (Plantago psyllium L.) – wartościowa roślina lecznicza*, „Postępy Fitoterapii" 2009, nr 4.

Mayer J.G., Uehleke B., Saum O.K., *Zioła ojców benedyktynów. Mieszanki i leczenie*, Świat Książki, Warszawa 2004.

Motławska I., *Farmakognozja – podręcznik dla studentów farmacji*, Akademia Medyczna im. Karola Marcinkowskiego w Poznaniu, Poznań 2005.

Ożarowski A., *Rośliny lecznicze i ich praktyczne zastosowanie*, Instytut Wydawniczy Związków Zawodowych, Warszawa 1987.

Rudkowska E., Smutkiewicz A., Han-Marek M., *Zioła w terapii wspomagającej leczenie cukrzycy*, „Postępy Fitoterapii" 2006, nr 3.

Senderski M.E., *Prawie wszystko o ziołach*. Poradnik, Podkowa Leśna 2007.

Van Wyk B.E., Wink M., *Rośliny lecznicze świata*, MedPharm, Wrocław 2008.

Włodarek D., Lange E., Kozłowska L., Głąbska D., *Dietoterapia*, PZWL, Warszawa 2015.

Indeks potraw

fotograf Igor Pyć

Magdalena Makarowska

dietetyk, biotechnolog, pedagog. Właścicielka gabinetu dietetycznego **Centrum Natura** w Łodzi (www.centrum-natura.pl). Mama kilkuletniej Wiktorii i żona zdolnego fotografa, dzięki któremu poradniki mają piękne zdjęcia.

Zakochana w swojej pracy optymistka, której życiowe motto to:

Jesteś tym, co jesz, więc jedz pięknie!

Gotowanie to jej pasja, a nie obsesja. Jest zwolenniczką kuchni roślinnej oraz entuzjastką nowych smaków. Według niej mądra dieta, będąca stylem życia, a nie chwilową modą, zapewnia nam zdrowie aż w 90%. Postrzega dietę nie jako reżim żywieniowy, ale świadome słuchanie potrzeb swojego organizmu i modelowanie metabolizmu za pomocą właściwie skomponowanych, pysznych i świeżych posiłków, opartych na produktach jak najmniej przetworzonych. Jest przekonana, że zmiana nawyków żywieniowych i wejście na żywieniową ścieżkę zdrowia są możliwe na każdym etapie naszego życia.